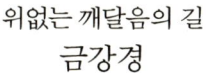

위없는 깨달음의 길
금강경

위없는 깨달음의 길 금강경

元照 박건주

운주사

역자 서문

나무석가모니불!

법을 설함에는 넓고 두루 자세히 설하는 광설(廣說)이 있고, 간략히 요의(要義)만 설한 약설(略說) 또는 요설(要說)이 있으며, 그 중간쯤 되는 설도 있다. 어떤 이는 광설을 들어야 올바로 깊이 이해하고, 어떤 이는 간략한 법문만으로 핵심을 이해한다. 또한 경에 대한 해설서(주석서, 論疏)도 마찬가지여서 방대한 해설서가 있는가 하면 간략한 해설서도 있다. 듣고 배우는 이들의 근기와 취향에 맞게 경과 해설서가 갖가지로 갖추어져 있는 것은 매우 좋은 일이다.

〈금강경〉은 한국을 비롯한 대승불교권에서 가장 널리 많이 읽혀온 경전 가운데 하나이다. 특히 분량이 많지 아니하고 비교적 적당한 편이어서 일상의 독송용으로 지녀온 탓에 누구에게나 매우 친숙한 경이다. 그런데 그 뜻이 가장 제대로 설명되거나 이해되지 못하고 있는 경전 가운데 하나이기도 하다. 〈금강경〉은 주지하다시피 품은 32품이나 되어 대경(大經)의 규모를 갖춘 것 같으나 각 품의 내용이 매우 간략하여 전체적으로 약설에 해당하는 경전이다. 약설인지라 충분한 해설이 되어 있지 아니하고 결론의 요의만 기술되어 있어 상당히 난해한 내용이 많다. 아직 교의의 기초가 미숙한 자는 상세한 해설이 되어 있는 광설의 법문과 해설서에 의지하는 것이 좋다. 반면에 약설인 〈금강경〉은 사실 초심자보다는 많은 교의공부와 수행을 거친 이들이 보아야 할 경이다. 그러나 요즘 우리나라의 세태를 보면 짧고 간략한 경이나 해설서는 주로 초심자나 미숙한 이들이 주로 찾거나 보고, 광설의 경이나 해설서는 상당히 많은 공부를 한 이들이 주로 본다. 약설의 경을 초심자가 보면 어찌 그 내용이 쉽게 이해될 수 있겠는가. 그래서 약설인 경은 그 해설서가 꼭 갖추어져야 하고, 공부하는 이들은 해설서를 잘 참조하지 않으면 안 된다.

〈금강경〉에 대한 해설서는 이미 인도에서 무착(無着; 아상가)과 세친(世親; 바수반두)에 의해 저술되었고(후술하는 解題 참조), 중국과 한국에서도 여러 가지가 나온 바 있다. 특히 근래 한국에서는 상당히 많은 종류가 출간되어 널리 읽히고 있다. 그런데 여기에 또 하나의 해설서를 출간하고자 하는 것은 첫째, 해설서가 공부하는 이들의 갖가지 성향과 수준 등에 맞추어 다양하게 갖추어져야 한다는 점이고, 둘째는 기존의 해설서가 대체로 올바르고 깊이 있는 이해를 주기에는 상당히 부족하다고 생각된다는 점 때문이다. 본 〈금강경해설〉은 해설서로서는 약설에 해당하지만, 가능한 한 넓은 층이 읽어나갈 수 있도록 유의하였다.

불법(佛法)은 다양하고 광대하나 그 하나 하나의 법은 서로 회통(會通)되어 있어 중관(中觀)과 유식(唯識)이 다른 법이 아니고, 일승(一乘)·이승(二乘)·삼승(三乘)의 법은 일미(一味)의 법해(法海)이다. 이 법 저 법을 이리저리 분류하고, 성격을 논단하여 희론에 빠지게 하는 해설과 논구는 배제되어야 한다. 반야공의 이법(理法)이 중심인 〈금강경〉에서 바로 유식의 이법을 보아야 하며, 보살승의 이 가르침에서 일체 승(乘)의 가르침을 회통해야 한다.

대승경전의 요의를 올바로 이해한다면 바로 그 자리에서 최상승선의 선지(禪旨)가 열린다. 선지가 열려야 대승경전을 올바로 공부한 것이 된다. 교선일치(敎禪一致)가 되어야 정법(正法)이다. 본 〈금강경〉 해설을 통하여 이러한 성과가 이루어지길 바란다.

본 역은 〈대정장(大正藏)〉 제8권에 수록된 구마라습(鳩摩羅什) 역의 〈금강반야바라밀경〉 1권을 저본(底本)으로 하고, 몇 가지 이역본(異譯本)을 대조 참조하였다.

아직 증과(證果)하지 못한 천학(淺學)으로서 심오(深奧) 미묘한 본 경을 해설함에 부족하고 미진한 부분이 있을 것이다. 제방 선지식의 아낌없는 가르침을 바란다.

불기 2546년(서기 2002년) 5월
元照 朴健柱

차 례

역자 서문 · 5
해제(解題) · 11

第一　法會因由分(법회가 있게 된 연유) ·················· 31
第二　善現起請分(善現이 일어나 법문을 청함) ·········· 34
第三　大乘正宗分(대승의 正宗) ······························ 40
第四　妙行無住分(머무름 없는 妙行) ······················· 45
第五　如理實見分(如理하고 如實하게 보라) ·············· 48
第六　正信稀有分(올바른 믿음 갖는 것의 희유함) ······ 51
第七　無得無說分(얻을 바 없고 설한 바도 없음) ········ 56
第八　依法出生分(본 경의 가르침에 의하여
　　　　　　　　아뇩다라삼먁삼보리가 나온다) ········ 60
第九　一相無相分(一相이며 無相인 行相을 밝힘) ······· 65
第十　莊嚴淨土分(정토를 장엄하는
　　　　　　　　相도 얻을 바 없음을 설함) ············ 75
第十一　無爲福勝分(無爲의 福이 가장 뛰어남) ·········· 79
第十二　尊重正敎分(正敎를 존중하라) ······················ 82

第十三　如法受持分(如法하게 受持함) ················· 84
第十四　離相寂滅分(相을 떠나 적멸임) ················ 88
第十五　持經功德分(경을 지니는 공덕) ··············· 100
第十六　能淨業障分(업장을 정화함) ·················· 104
第十七　究竟無我分(구경에 無我임) ··················· 107
第十九　法界通化分(법계의 모든 존재가
　　　　　　　　　실체가 없어 서로 通體 同化되어 있음) ····· 118
第二十　離色離相分(色과 相을 떠남) ················· 120
第二十一　非說所說分(설함과 설할 법이 없음) ········ 123
第二十二　無法可得分(얻을 수 있는 법이 없음) ········ 127
第二十三　淨心行善分(청정한 마음으로 善을 행함) ······ 131
第二十四　福智無比分(福智가 無比함) ················· 134
第二十五　化無所化分(제도함과 제도받는 중생이 없음) ··· 136
第二十六　法身非相分(법신은 相이 아님) ············· 139
第二十七　無斷無滅分(일체법을 斷滅하라고 설한 바 없음) ··· 142
第二十八　不受不貪分(복덕을 받고자 함이 없음) ········ 146
第二十九　威儀寂靜分(威儀가 寂靜함) ················ 149
第三十　一合理相分(理와 相이 一合임) ············· 151
第三十一　知見不生分(知와 見이 不生임) ············· 155
第三十二　應化非眞分(應・化身은 眞이 아님) ·········· 159

해제(解題)

1. 經題와 그 要義

　금강(金剛, Vajra) 반야(般若, Prajñā)란 금강과 같이 부서지거나 무너짐이 없는 영원한 지혜라는 뜻이다. 바라밀(다)(Pāramitā, 到彼岸, 度無極, 事究竟, 度)란 윤회의 고해를 건너 열반(피안)에 이른다(건너간다)는 뜻이다. 경(經)이란 부처님께서 설하신 가르침 및 이를 기록한 불전(佛典)을 말한다. 그래서 제목의 뜻은 '금강의 지혜로 윤회의 고해를 건너 해탈 열반에 이르게 하는 가르침'이다.

　그렇다면 무엇이 금강의 지혜인가? 무명(無明)을 온전하고 영원히 끊어버리게 하는 지혜를 말한다. 무명이 아직 남아 있으면 수많은 세월 동안 깊은 선정(禪定)을 닦아 성취하였다 하더라도 경계에 휘말려 갈 수가 있다. 무명의 씨앗은 식물의 종자나 뿌리와 같아, 아직 종자나 뿌리가 남아 있다면 여건이 갖추어졌을 때 싹이 돋고 성장해 가는 것과 같이 선정을 무너뜨리고 번뇌 망상을 일으킨다. 그래서 무명의 뿌리까지 온전히 제거하여 영원한 해탈 열반을 성취하게 하는 까닭에 금강의 지혜라고 이름하였다.

　금강반야는 깨달아 아는[了知] 것인 까닭에 무너짐이 없고 영원한 해탈을 얻는다. 이를테면, 길가에 나무 그림자가 길게 드리워 있는 것을 보고 우리는 그것이 그림자임을 분명히 안다. 그래서 그 그림자를 아무 거리낌없이 밟고 지나간다. 즉 그 그림자로부터 해탈되어 있는 것이다. 그런데 만약 그것이 그림자임을 아직 뚜렷이 모른다면 그림자라는 생각만 억지로 지으면서 집중해 있더라도 그 집중력이 떨어지면 시커먼 그림자의 모습에 현혹되어 버린다. 그래서 선정의 힘만으로는 해탈을 이룰 수 없다고 한 것이다. 한편 깨달아 알았다 하더라도 그것이 얼마나 뚜렷하고 분명하며 온전한가는 많은 차등이 있고, 깨달아 안 것을 뚜렷하고 분명하게 해주는 것은 선정의 힘이다. 선정의 힘에 의해 깨달아 안 것이 뚜렷하고 분명해짐에 따라 득력(得力)이 이루어진다. 그래서 지혜와 선정이 아울러 함께 닦아져야 한다고 하였다.

　무명(無明)이란 진실한 이치(진리)를 모르는 것이니 진실한 이치란 곧 무생(無生)의 진리[無生法忍]이다. 일체 모든 존재는 오직 마음일 뿐[唯心]이고, 자심(自心)이 나타난 것일 뿐이다. 그 자심은 본래 능(能; 주관, 인식주체)과 소(所; 객관, 인식대상)가 따로 있는 것이 아닌 까닭에 일심(一心)이라 한다. 본래 일심(一心)인데 홀연히 무명의 바람이 불어 견분(見分; 보는 주관의 자리)이 세워지니[立] 동시에 상분(相分; 보이는 대상의 자리)이 세워져 일심이 양분되어 있는 듯한 상태가 되었다. 이로부터 끝없이 이어지는 분별(대상화하면서 망상분별)이 전개되며 현상의 한량없는 인연생멸상과 상념의 파도가 생기게 되었다. 그러나 이러한 경계는 자심(自心)을 떠나 있는 것이 아니어서, 마치 꿈 속에서 너와 나를 가르고, 이리저리 오고 가고, 울며 웃고 하였으나 실은 이러한 일들이 실제 있었던 것이 아니고 마음 밖에 따로 그러한 일들이 있었던 것이 아닌 것과 같다. 일체의 현상은 이와 같이 단지 무생(無生)일 뿐이다. 그림자가 생겼다 한들 그것이 어디 생긴 것인가. 일심(一心)일 뿐이라 따로 대상이 없으니 무엇이 무엇을 생겼다 할 것인가. 그림자를 어떻게 잡을 수 있고 얻을 수 있겠는가. 그림자를 어떻게 버릴 수 있겠는가. 그래서 이 마음을 어떻게 할 수 없는 것이다. 이 이법(理法)에 대승선법(大乘禪法)의 핵심 요의가 있다. 마음을 어떻게 하고자 하거나 어떠한 마음을 갖으려 한다면 이미 여리(如理)한 행(行)이 아니고 금강의 지혜를 아직 구현하지 못하고 있는 것이다. 본래 무생임을 깨달아 얻을 바 없음을 분명히 아는 것이 돈오(頓悟)이고, 이 이법에 따라 일체법을 취함도 없고 버림도 없어 마음을 어디에 둘 수도 없고, 마음 갈 곳이 끊어졌으며, 언어의 길이 끊어진 그대로 깨어 있는 것이 곧 돈수(頓修)이고 무수지수(無修之修)·임운(任運)의 행이다. 마음은 본래 사의(思議)함이 없다. 〈대수인입도요문(大手印入道要門)〉에 이르길

사의(思議)함이 없음을 이름하여 지혜라 하나니,
이것이 곧 진실하고 원만한 적멸이라 하네.

라 하였다. 또 〈마하반야바라밀다경〉 권제347 초분촉루품(初分
囑累品) 第五十八之二에 설하길,

일체법은 행하는 자도 없고, 견(見)하는 자도 없으며, 지
(知)하는 자도 없고, 동(動)함도 없으며, 작(作)함도 없다.
왜 그러한가. 일체법은 모두 작용함이 없나니, 능취(能取)
와 소취(所取)의 성(性)을 멀리 떠났기 때문이니라. 일체법
은 사의(思議)할 수 없는 것이나니, 능(能)·소(所)의 사의
성(思議性)을 멀리 떠난 까닭이다. 일체법이 환(幻)과 같은
것이나니, 모든 연(緣)이 화합하여 마치 있는 것과 같게 된
까닭이니라.[1]

이라 하였고, 〈대반야바라밀다경(大般若波羅蜜多經)〉 권제595 제
16 般若波羅蜜多分之三에

또한 선용맹(善勇猛)이여, 색온(色蘊)이 색온의 소행(所
行)이 아닌 까닭에 지(知)함이 없고, 견(見)함도 없나니, 색

---

1) 一切法無行者無見者無知者無動無作. 所以者何. 以一切法皆無作用,
能取所取性遠離故. 以一切法不可思議, 能所思議性遠離故. 以一切法
如幻事等, 衆緣和合相似有故.

온(色蘊)에서 지(知)함이 없고, 견(見)함이 없다면 이를 반야바라밀다라 한다.(以下 受想行識 등 일체법이 마찬가지로 그러함이 설해짐)

고 하였다. 색(色: 물질)을 비롯한 일체법이 견(見)함이 없고, 지(知)함이 없는지라 이에 수순(隨順)하여 색(色)을 비롯한 일체법에 견(見)함이 없고, 지(知)함이 없음이 곧 반야바라밀다이다(본문 제14 離相寂滅分에서 상술함). 이를 '반야무지(般若無知; 반야란 知함이 없는 것)'라 한다. 거울이 대상을 비추나 대상에 물들거나 분별함이 없듯이 마음이 본래 대상을 아는 것 또한 그러하여 본래 대상에 물들거나 취하고 버림이 없다. 곧 마음과 일체법이 본래 무분별(無分別)이고 무지(無知)이며 무견(無見)이다. 본래 일체법(모든 존재)은 견(見)하고, 지(知)하는 자[能]와 그 대상[所]이 따로 없기 때문이다. 이러함을 여실히 깨달아 아는 것[了知]이 곧 진정한 반야바라밀이며 아뇩다라삼먁삼보리에 들어감이다. 〈대승기신론〉에서 말한 「심체이념(心體離念)」은 곧 이를 말한다. 그래서 마음 본래의 자리가 그대로 반야이다. 금강의 반야는 곧 마음이 본래 대상을 지(知)함도 없고, 견(見)함도 없으며, 분별 사의(思議)함이 없음을 깨달은 반야이다. 여기서 마음이 지(知)함 없다고 함은 무기(無記)의 상태가 아니라 지(知)함이 없이 지(知)함을 말함이니 대상에 물들지 아니하며, 대상이 대상으로서(생각으로) 지(知)되는 것이 아니라 몸에서 증

(證)됨이다. 또 본 〈금강경〉에서 "마땅히 머무르는 바 없이 마음을 내라〔應無所住 而生其心〕"함도 지(知)함 없이 지(知)함을 말한다. 여기서 생각을 떠나 있다라는 뜻은 마음이 생각에 물들거나 영향받지 않는다는 뜻이다. 마음이 동(動)함이 없이 지(知)함이며, 마음이 출입(出入)함이 없이 지(知)함이고, 마음이 머무름 없이 지(知)함이다. 또한 마음이 본래 지(知)함이 없음을 아는 것이니 사의(思議)함에서 사의함을 버리려고 함이 없이 사의를 떠나며, 말함에서 말함을 버리려고 함이 없이 말함을 떠난다. 〈대승기신론(大乘起信論)〉은 이를 다음과 같이 설하고 있다.

비록 일체법을 설하더라도 설하는 자와 설할 것이 없음을 알며,
비록 생각하더라도 또한 생각하는 자와 생각할 것이 있지 않음을 안다면,
이를 이름하여 수순(隨順)한다고 한다.
염(念; 생각)을 떠났다면 이름하여 증득 오입(證得 悟入) 하였다고 한다.

생각함에서 생각하는 자와 생각할 것이 없다 함은 곧 생각함이 없이 생각하는 것이다. 생각함에는 능(能; 주관, 생각하는 자)과 소(所; 생각의 대상)가 있게 되는 것이나 본래 일심(一心)인

까닭에 능(能)과 소(所)가 따로 없다. 그래서 생각할 수 없는 것이다. 설함이 없이 설하는 것이다. 지(知)함이 없이 지(知)하는 것이다. 마음이 본래 생각함에서 생각함이 없고 생각할 수도 없음을 안다면 이를 여리(如理)한 수순(隨順)이라고 한 점에 특히 유의해야 한다. 즉 '안다면〔知〕'에 금강반야바라밀의 요의(要義)가 있다. 위에서 말한 바와 같이 깨달아 안다면 금강의 반야바라밀이 이루어지는 것이다. 단지 생각함에서 마음이 생각을 떠나 있음을 알 뿐이다. 마음이 본래 공적(空寂)하여 생각에 걸림이 없고 머무름이 없다. 본래 걸림이 없고 머무름이 없는데 억지로 걸리지 아니하게 하고 머무르지 않게 한다면 이 또한 걸림이고 머무름이다. 그러하니 바로 당념(當念; 바로 그 자리의 생각)에서 마음이 본래 그 염(念)에 걸림이 없고 머무름 없음을 알면 되는 것이다. 그래서 〈절관론(絶觀論)〉에서2) 설한다.

묻는다. "어떻게 망상을 멸합니까?"(問, 云何息妄想.)
답한다. "망상이 생한 바 없어 멸할 망상이 없음을 알고,

---

2) 〈絶觀論〉은 1세기 전 돈황에서 발견된 초기 선종 법문집 가운데 하나이다. 보리달마대사의 작품으로 기재되어 있고, 入理선생과 緣門의 질의 응답으로 되어 있다. 스승이며 답변자인 入理와 제자이며 질문자인 緣門의 가상 인물을 내세워 선종 돈법 최상승선의 정곡을 밝게 드러내고 있다. 5종의 필사본이 있는데 〈敦煌禪宗文獻集成〉上(新華書店北京發行所, 북경, 1998) 및 柳田聖山, 〈禪佛教の研究〉『柳田聖山集第一卷』(京都, 法藏館, 1999) 등에 수록되어 있다.

마음이 그대로 무심(無心)임을 알면 멸할 수 있나니, 바로
이것이다."(答, 知妄想不生, 無妄可息, 知心無心, 可息, 是也.)

마음을 비롯한 일체법을 얻을 바 없음을 깨달아 안 까닭에
이 행(行)이 이루어질 수 있는 것이니 본 〈금강반야바라밀경〉
은 곧 이러한 행으로 나아가게 하기 위해 '일체법불가득(一切法
不可得)'의 대승 요의(要義)를 설하고 있다.

2. 〈금강경〉의 한역본(漢譯本)·논소(論疏)

본 〈금강경〉의 역본으로는 오호(五胡)16국 시대 요진(姚秦; 後
秦 384-417)에서 구마라습(쿠마라지바; 343-413)에 의해 402년에
번역된 〈금강반야바라밀경〉 1권과 북위(北魏, 386-534) 때 보리
유지(菩提流支)가 번역한 〈금강반야바라밀경〉 1권, 남조(南朝)의
진(陳, 557-589)에서 진제(眞諦)에 의해 번역된 〈금강반야바라밀
경〉 1권, 수(隋; 581-618)에서 달마급다(達磨笈多; ?-619)에 의해
번역된 〈금강능단반야바라밀경(金剛能斷般若波羅蜜經)〉 1권, 당
(唐, 618-907)의 의정(義淨, 635-713)에 의해 번역된 〈불설능단반
야바라밀경〉 1권 및 당의 현장(玄奘)이 번역한 600권의 〈대반야
바라밀경〉 가운데 제577권 제9 능단금강분(能斷金剛分) 등 6부
(部)가 있다. 이 가운데 가장 많이 읽히는 역본은 본 역의 저본

인 구바라습의 역본이다. 여러 면에서 번역이 잘 되어 있기 때문이다. 하지만 여타의 역본에 비해 모든 곳이 다 잘 되어 있는 것은 아니며, 여타의 역본을 참조해 보아야 할 곳이 많다. 특히 제27장 무단무멸분(無斷無滅分)은 글이 난삽하고, '불(不)' 자 한 곳이 잘못 들어가 있다.(본문 해설 참조)

본 경에 대한 해설서〔論疏〕로는 인도에서 무착(無着; 아상가)의 〈금강반야바라밀경론(금강반야론)〉 3권(2권)(唐의 달마급다 역), 세친(世親, 天親)의 〈금강반야바라밀경론〉 3권(北魏의 보리유지 역), 중국에서 남조(南朝) 양(梁)의 부대사(傅大士)가 지은 〈양조부대사송금강경(梁朝傅大士頌金剛經)〉, 수(隋)나라 때 지의(智顗)의 〈금강반야바라밀경소〉 1권, 길장(吉藏)의 〈금강반야소(金剛般若疏)〉 4권, 당(唐) 규기(窺基)의 〈금강반야경찬술(金剛般若經贊述)〉 2권과 〈금강반야경론회석(金剛般若經論會釋)〉 3권, 종밀(宗密)의 〈금강반야경소론찬요(金剛般若經疏論贊要)〉 2권, 명(明)의 종륵(宗泐)과 여기(如玘)의 〈금강반야바라밀경주해〉 1권 등이 있다. 근래 한국에서 십여 종의 해설서가 나왔다.

3. 〈반야경〉 계통 경전의 전승과 〈금강경〉

〈금강경(금강반야바라밀경)〉 1권은 여러 〈반야경〉 계통 경전 가운데 하나이다. 이 가운데 가장 먼저 중국에 전래되어 번역된 경은 후한 영제(靈帝) 광화(光和) 2년(179)에 지루가참(支婁迦讖)과 축삭불(竺朔佛)이 가져와 번역한 〈도행반야경(道行般若經)〉 10권(〈대품반야경〉의 제4회와 5회분)이다. 이후 주사행(朱士行)은 이 경으로 공부하다 뜻이 통하지 않는 부분이 많아 조위(曹魏) 감로5년(260년) 직접 우전국에 가서 범본(梵本)을 구해 제자 불여단(弗如檀)에게 가지고 가게 하였고, 서진(西晉) 291년에 무차라(無叉羅)와 축숙란(竺叔蘭)이 이를 번역하여 이름을 〈방광반야경(放光般若經)〉(20권: 〈대품반야경〉의 제5분)이라 하였다. 오(吳, 220-280)에서 지겸(支謙)은 〈대품반야경〉의 제4분을 번역하여 〈대명도무극경(大明度無極經)〉이라 하였다. 축법호(竺法護)는 태강(太康7년, 286)에 〈광찬반야경(光讚般若經)〉 10권(앞의 〈방광반야경〉 97품 가운데 앞부분 30품에 해당)을 번역하였다. 그리고 전진(前秦) 382년 담마비(曇摩蜱)와 축불념(竺佛念)이 공역한 〈마하반야바라밀초경(摩訶般若波羅蜜鈔經)〉(5권 또는 7권)이 있다. 그러나 이들 경전에 의한 초기 반야 공(空)의 이해는 아직 크게 미진하여 대체로 불교의 법수(法數; 용어)를 노장(老莊)이나 유가 경전의 용어에 대비하고 원용(援用)하여 이해하는 소위 격의불교(格義佛敎)의 처지에 있었다. 이에 대한 비판과 탈피는 도안(道安, 314-385)과 승선(僧先) 등에 의해 이루어지기 시작하였다. 그리고 보다 본격적으로 반야 공(空)의 이법(理法)이 뚜렷이 이해되기 시작한 것은 401년에 장안(長安)에 온 구마라습이 8년 동안에 연이어 〈금강반야바라밀경〉 1권 · 〈대품반야경(마하반야바라밀경 2만5천송)〉 27권·〈소품반야경〉 10권을 비롯하여 반야 공관(空觀, 中觀)불교의 대표적 논서인 〈중론(中論)〉·〈백론(百論)〉·〈십이문론(十二門論)〉·〈대지도론(大智度論)〉을 번역함으로부터이다. 이에 의거하여 반야 공의 이법(理法)에 대한 깊고 넓은 궁구 이해와 체계적인 해석 및 정리가 크게 펼쳐졌다. 구마라습의 제자 승조(僧肇)의 〈조론(肇論)〉을 비롯하여 삼론종·천태종 등의 성립과 함께 쏟아져 나온 여러 전적들은 중국불교의 빛나는 기초를 다져놓았다. 그런데 이들 경전은 모두 범본 〈대품반야경〉을 초록한 본(本) 또는 그 일부의 품만을 가져와 번역한 것이었다. 그 후 당 태종시에 현장(玄奘)이 인도에서 범본 〈대품반야경〉 완질을 가져와 660년에서 663년 사이에 번역한 것이 〈대반야바라밀다경(대반야경)〉 600권이다. 이로서 〈반야경〉의 전품이 중국에 전래되었다. 이밖에 〈문수사리소설마하반야바라밀경〉 2권(남조의 梁, 만다라선 역), 〈문수사리소설반야바라밀경〉 1권(남조의 梁, 승가바라 역), 〈반야심경〉(구마라습 역), 앞에 기재한 6종의 〈금강반야바라밀경〉, 〈실상반야바라밀경〉 1권(당, 보리유지 역), 〈금강정유가이취반야경〉 1권(당, 금강지 역), 〈불설변조반야바라밀경〉 1권(송, 시호 역) 등이 있다.

〈금강경〉 1권은 현장이 번역한 600권의 〈대반야바라밀다경〉 가운데 제577권에 제9 능단금강분(第九能斷金剛分)의 편명(篇名)으로 실려 있다. 단지 구마라습의 역본보다 내용이 약간 많고,

자구(字句)도 다른 부분이 상당히 있으나 32품으로 같고, 거의 같은 내용이어서 본래 같은 범본에서 나온 것으로 보인다. 그래서 〈금강경〉 1권은 바로 600권의 〈대반야바라밀다경〉에서 이 부분만을 따로 발췌하여 독립 경전으로 유포된 것으로 볼 수도 있고, 거꾸로 본 〈금강경〉 1권을 비롯한 여러 단편으로 전해진 〈반야경〉 계통의 소경(小經)들이 나중에 600권이라는 방대한 〈대반야바라밀다경〉으로 총집(總集)된 것으로 볼 수도 있다. 대체로 경전 성립사상(成立史上)에서 본다면 후자의 편으로 보는 것이 더 타당할 것이다. 그러나 한편으로는 〈금강경〉의 내용은 여타의 〈대반야바라밀다경〉의 여러 곳에서 광설(廣說)되고 있다. 그래서 또한 〈금강경〉이 약설(略說)한 것이라면 〈대반야바라밀다경〉은 약설인 〈금강경〉을 포함한 광설이라고도 할 수 있다.

4. 〈금강경〉의 역자 구마라습(쿠마라지바)

구마라습(Kumārajīva, 343?-413)은 남조 양대(梁代)에 중국에 온 진제(眞諦, 499-569) 및 당의 현장(玄奘, 600-664)과 더불어 삼대(三大) 역경승으로 불리운다. 그가 번역한 경전의 수는 〈출삼장기집〉에는 35종 294권, 〈역대삼보기〉에는 97종 425권, 〈개원석교록〉에는 74종 384권으로 되어 있다. 〈출삼장기집〉의 수치가 가장 신빙성이 크다. 구마라습 이전의 번역을 고역(古譯), 구마라습의 번역을 구역(舊譯), 현장의 번역을 신역(新譯)으로 구분하여 칭하기도 한다.

구마라습에 대한 전기는 남조 양대의 승우(僧祐, 445-518)가 지은 〈출삼장기집(出三藏記集)〉 권14 구마라습전과, 같은 시기의 혜교(慧皎)가 지은 〈고승전〉 권2 구마라습전 및 당의 방현령이 지은 〈진서(晉書)〉 권95 구마라습전에 전한다.

그의 출생연도는 명확하지는 않으나 대략 340년 무렵인 것으로 보인다. 그의 부친인 구마염(鳩摩炎, Kumārayāṇa)은 천축(天竺, 인도)의 명문가 집안 출신으로 재상에 오르게 되어 있었으나 사퇴하고 출가하였다. 구마염은 출가한 후 파미르고원을 넘어 서역의 구자국(龜茲, Kucha: 현재의 신강성과 위구르 자치구의 庫車)에 왔다. 구자국의 왕은 그를 존경하여 교외로 나가 국사(國師)로서 맞이하였다. 구자국의 왕에게 여동생이 있었는데 오직 구마염하고만 결혼하겠다고 고집함에 왕이 구마염에게 사정하여 결혼하게 되었고, 구마라습이 탄생하였다. 얼마 후 또 남아를 낳아 불사제바(弗沙提婆)라 하였다. 구마라습의 어머니(耆婆)는 곧 이어 출가하여 선법(禪法)을 닦고 수다원과(須陀洹果)를 얻었으며, 구마라습도 7세에 출가하여 사미가 되었다. 그리고 어머니는 국민들의 공양을 받으면서 안이하게 수행하게 될 것을 염려하여 구마라습이 9세 때 그를 데리고 계빈(罽賓, Kashmir)으로 갔다. 당시 계빈에서는 소승불교의 교학이 유행하고 있었다. 구마라습은 여기에서 반두달다(Banghudatta)에게 사사하였다. 그는 계빈왕의 사촌동생이며 설일체유부(說一切有部)의 전통을 이어받은 대학자로서 삼장 구부(三藏 九部)에 통달하였고, 사방에 명성을 떨치고 있었다. 구마라습은 그에게 사사하여 〈잡장(雜藏)〉〈중아함경〉〈장아함경〉 등 모두 4백만 언(言)을 암송하였다. 반두달다는 구마라습의 천재성을 크게 칭찬함에 계빈왕이 그를 초청하여 외도의 논사와 논쟁하게 하였다. 구마라습이 외도를 굴복시킴에 왕은 경의를 표하고 공양을 올렸으며, 승려 5명과 사미 10명을 보내 구마라습을 돌보게 하였다.

구마라습은 12세 때 어머니와 함께 다시 구자로 돌아오던 중 소륵(疏勒, Kashgar)에 1년간 체재하면서 원시불교의 경전과 소승 유부의 교학을 공부하였으며, 아울러 4베다와 5명(聲明・工巧明・醫方明・因明・內明) 등 인도 고전과 학문, 그리고 천문학과 음악에도 통하였으며, 길흉을 점칠 수 있게 되었다. 또 소륵에서 수리야소마(Sūrya-soma)로부터 대승교학을 배웠다. 그는 여기에서 대승교학의 이법(理法)을 깨달은 후 스스로 한탄하길, "내가 옛날에 소승을 배운 것은 금(金)을 알지 못한 채 동(銅)이 가장 훌륭하다고 생각하고 있던 것과 같다."고 하였다. 그는 곧 중관불교(中觀佛敎)의 주요 논서인 〈중론〉〈백론〉〈십이문론〉 등을 공부하고 심요(心要)로 삼았다. 구자에 돌아온 구마라습이 대중들에게 제법(諸法)의 '개공무아(皆空無我)'와 '가명비실(假名

非實)'을 설하니 모두 경탄하였다고 한다. 그는 20세가 되어 궁중에서 계를 받고, 비마라차(卑摩羅叉, Vimalākṣa, 337-413)로부터 〈십송률(十誦律)〉을 배웠다. 그의 어머니 기파(耆婆)는 소승 제3과를 얻기 위해 천축에 가면서 중국에 방등(方等)의 깊은 뜻을 전할 것을 당부하였다. 그 후 구라마습은 구자에서 〈방광반야경(放光般若經)〉을 입수하고, 여러 대승 경론들을 공부하며 왕의 초청으로 대중들에게 설법하였다. 이 때 이전의 소승을 가르쳐 준 스승 반두달다가 찾아와 소승과 대승에 대한 논쟁을 벌인 후 대승을 이해하고 구마라습에게 말하길, "화상은 나의 대승의 스승이고, 나는 화상의 소승의 스승이다."라고 하였다. 왕은 구마라습을 크게 존숭하여 강설할 때마다 고좌(高座) 옆에 무릎을 꿇고 그 위를 구마라습이 밟고 오르게 하였다.

이 때 중국에서는 전진(前秦)의 부견(苻堅)이 화북을 통일하고, 여광(呂光)에게 7만 명으로 서역을 공략하게 하였다. 그리하여 건원19년(383) 12월에 구자에 도착하였고, 그 다음 해(384년) 7월에 구자성은 함락되고 왕을 비롯하여 많은 사람들이 살해되었다. 이 때 여광은 구마라습에게 여러 가지로 모욕을 주고, 구자왕의 딸과 짝을 맺도록 하였으나 이를 거부함에 함께 밀실에 넣어 강요하니 어쩔 수 없이 파계하게 되었다 한다. 구자에서 본국으로 돌아가게 된 여광은 구마라습과 함께 고창과 주천(酒泉)을 거쳐 고장(姑藏)에 입성하였다. 이 때 부견이 죽었다는 소식을 듣고 여광은 이곳 양주(涼州)에 할거하며 이 지역을 다스리게 된다(後凉國). 이후 16년간 구마라습은 이곳에 머물며 여광과 여찬의 정치 군사고문의 역할을 하며 예언을 비롯한 신이한 행적을 보여 이승(異僧)으로 크게 존경받았다. 또한 양주는 동서 교통의 중심지였고, 중국과 서역의 접점에 있어서 구마라습이 중국어를 비롯하여 여러 서역어를 익히는 좋은 기회가 되었다. 그가 이후 이곳을 떠나 8년간의 장안생활에서 그 많은 역경을 명료한 문체로 단기간에 해낼 수 있었던 것은 바로 양주에서의 16년간의 생활이 바탕이 되었을 것이다.

　동진(東晋)을 공격하다 비수(淝水)의 대전에서 패하여 몰락한 부견에 이어 화북에서는 요장(姚萇)이 후진(後秦, 姚秦)을 건국하여 지배하게 되었다. 요장은 양주에 있는 구마라습의 명성을 듣고 후량(後凉)의 여광에게 구마라습을 보내줄 것을 요청하였으나 여광 일족은 이를 거절하였다. 그 이유는 구마라습의 지혜가 너무 뛰어났기 때문에 후진(後秦)에서 이용될까 두려웠기 때문이었다. 요장을 이어 계위한 요흥(姚興, 366-416, 재위 394-416)은 401년 북량(北凉)을 공격하여 함락시키고 구마라습을 홍시(弘始)3년(401년) 12월 20일 장안(長安)에 모시고 왔다. 요흥은 그를 국사(國師)로 예우하였다.

　장안에 도착한 다음 해인 홍시(弘始)4년(402년) 정월부터 곧바로 후진의 황제 요흥의 적극적인 지원으로 소요원에서 구마라습을 중심으로 수많은 승려들이 모여 대번역사업이 전개되었다. 요흥은 불교에 상당히 정심하여 〈대품반야경〉을 번역할 때는 구마라습이 범본(梵本)을 들고, 그는 구역본(舊譯本)을 들고 서로 대조 교정하였으며, 〈통삼세론(通三世論)〉을 저술하기도 하였다. 또 요흥은 마하연(대승)의 모든 뜻을 주석(註釋)할 뜻을 품고, 구마라습과 함께 그 뜻을 상세히 논평할 계획까지 한 바가 있었다. 구마라습의 번역의 장에 참여하여 가르침을 받거나 번역을 도운 승려가 삼천 명이었는데 그 가운데 도생(道生)·승조(僧肇)·도륭(道隆)·승예(僧叡)는 관중(關中)의 사성(四聖)으로 불리었다. 그리고 406년부터는 번역 장소가 장안대사(長安大寺)로 옮겨졌다. 구마라습은 번역만이 아니라 저술도 하였다. 황제 요흥을 위해 〈실상론(實相論)〉 2권을 지었고, 그밖에 〈유마경주(維摩經注)〉가 있다.

구마라습은 홍시 11년(409년) 8월 20일 장안에서 입적하였다. 소요원에서 외국의 장례의식으로 화장되었는데 혀만은 타지 않고 남아 있었다고 한다.

구마라습이 번역한 경전에는 종래 중국에 소개되지 않은 것도 있고, 이미 번역된 것을 새 범본과 한역본을 대조하여 새로 번역한 것도 있다. 후자의 경우는 대개 이전의 경 이름 앞에 '신(新)'자를 붙였는데 후인이 '신(新)'자를 생략하였다.

〈고승전〉 권제3 역경하(譯經下) 말미(末尾)의 저자 평론에서 저자 혜교(慧皎)는 이르길 그 후 구마라습이 있다. 석학(碩學)으로 심원하고 오묘한 마음의 본원을 관찰하였고, 중국의 각지를 유력(遊歷)하며 방언을 모두 알았다. 또한 지루가참과 축법호가 번역한 글이 옛 문체로 되어 선미(善美)함이 충분치 못한 것을 한스럽게 생각하여 다시 범본(梵本)과 대조하며 재차 번역해 내었다. 까닭에 고금(今古)의 두 가지 경전이 말은 다르나 뜻은 하나로 이해될 수 있게 되었다.

이전의 고역(古譯)은 적절치 못한 한어(漢語) 표현과 난삽함으로 뜻을 뚜렷이 이해하기 어려운 부분이 많았다. 구마라습은 직역만에 구애받지 아니하고 경전의 뜻을 가장 적절한 한어식 표현으로 전하고자 하였다. 같은 경에 대한 여러 이역본(異譯本) 중에서 그의 역본이 가장 널리 읽히고 칭송되는 것은 실로 그의 깊은 교법의 이해와 증득, 그리고 범어와 한어를 비롯하여 10여 가지의 서역어에 능통하고, 뛰어난 언어 표현력을 구사할 수 있었던 데서 기인한 것이라 하겠다. 그의 번역은 격의불교(格義佛敎)의 수준을 넘어 불법(佛法)의 대의(大義)를 온전히 이해하는 데 큰 기여를 하였다.

姚秦三藏法師 鳩摩羅什 奉詔譯
요진국의 삼장법사 구마라습이 황제의 명을 받들어 번역함.

第一 法會因由分(법회가 있게 된 연유)

如是我聞. 一時佛在舍衛國祇樹給孤獨園, 與大比丘衆千二百五十人俱. 爾時世尊食時, 着衣持鉢, 入舍衛大城乞食. 於其城中次第乞已, 還至本處, 飯食訖, 收衣鉢, 洗足已, 敷坐而坐.

이와 같이 내가 들었다. 어느 때 부처님께서 사위국의 기수급고독원에서 대비구중(大比丘衆) 천이백오십 인과 함께 계셨다. 이 때 세존께서는 식사시간이 됨에 가사를 입고 발우를 지니고 사위대성에 들어가 걸식하시었다. 그 성에서 차례로 걸식하시고 본처(本處)에 돌아오시었다. 식사를 마치시고, 의발(衣鉢)을 거두신 후 발을 씻고 자리를 펴고 앉으셨다.

【해설】
본 경이 설해진 때와 장소 및 회중(會衆)을 먼저 말하였다. 사위국은 중인도 교살라국의 수도이고 부처님 당시에는 바사닉왕과 유리왕이 살았다. 기수급고독원은 보통 줄여서 기원정사라고 하며, 사위성에서 남으로 2km 지점에 있다. 이 지역은 본래 바사닉왕의 태자 기타(祈陀)가 소유한 원림(園林)이었는데 급고독장자(給孤獨長者)가 그 땅을 사서 부처님께 바친 까닭에 두 사람의 이름을 합쳐 기수급고독원이라 이름하였다.

여기에 자리한 대비구중 천이백오십 인은 세존의 교화 초기에 얻은 제자의 수이기도 하고, 보통 부처님을 항상 수종(隨從)하는 제자의 수이기도 하다.[3] 그런데 이 설법이 이루어진 때는 성문의 법을 가르친 이후이기 때문에 제자들 가운데 상당수가 이미 성문의 사과(四果)를 성취한 후의 일이라고 본다. 이 때 자리한 천이백오십 인을 대비구(大比丘)라 칭한 것은 아라한의 위(位)에 오른 부처님의 상수(上首) 제자임을 드러낸 것이라 하겠다. 그리고 본 경의 가르침이 이미 성문승(聲聞乘)의 극지(極地)인 아라한을 성취한 제자들에게 설하고 있다는 것은 본 경이 성문승을 넘어 대승(大乘) 내지 보살승·일승(一乘)으로 이끄는 법문이라는 것을 말해준다. 이를테면 뒤의 경문에서 소승

---

[3] 산스크리트본의 경문과 당대(唐代) 의정(義淨)의 역본에는 보살마하살도 함께 자리한 것으로 되어 있다. 그밖의 역본들은 모두 본 경과 같이 '대비구중'으로만 되어 있어 산스크리트본에도 보살마하살이 기재되어 있는 것과 그렇지 않은 것이 있었던 듯하다.
여래께서 설법할 때는 인간계의 비구·보살뿐 아니라 삼계 내외의 수많은 중생과 보살 불제자들이 함께 자리하여 청문한다. 그래서 여래와 직접 대화한 상대가 누구인가가 중요하다. 본 경에서는 대비구중의 상수(上首) 가운데 한 분인 수보리이다.

사과(小乘四果; 수다원·사다함·아나함·아라한)도 얻을 바 없다〔不可得〕는 점을 강조하고 있고, 본 경 제15 지경공덕분(持經功德分)에서 이 경이 "대승에 발심한 이들을 위해 설한 것이며, 최상승의 발심을 한 자에게 설하는 것이다."고 한 데서 그러한 취지를 잘 알 수 있다.

第二 善現起請分(선현이 일어나 법문을 청함)

時, 長老須菩提在大衆中, 卽從座起, 偏袒右肩, 右膝着地, 合掌恭敬, 而白佛言.

"稀有世尊, 如來善護念諸菩薩, 善付囑諸菩薩. 世尊, 善男子善女人發阿耨多羅三藐三菩提心, 應云何住?, 云何降伏其心?"

佛言,

"善哉! 善哉! 須菩提! 如汝所說, 如來善護念諸菩薩, 善付囑諸菩薩. 汝今諦聽. 當爲汝說. 善男子善女人發阿耨多羅三藐三菩提心, 應如是住, 如是降伏其心."

"唯然. 世尊, 願樂欲聞."

그 때, 장로 수보리가 대중 가운데 있다가 곧바로 자리에서 일어나 가사(袈裟)의 오른쪽 소매를 벗어 오른 어깨를 드러내고, 오른 무릎을 땅에 대고, 합장하여 공경의 예를 드리고 부처님께 말하였다.

"희유하나이다! 세존이시어! 여래께서 모든 보살들을 잘 호념하시고, 모든 보살을 잘 부촉하십니다. 세존이시어! 선남자 선여인이 아뇩다라삼먁삼보리심을 발(發)하고는 마땅히 어떻게 머물러야 하며, 어떻게 그 마음을 항복시키나이까?"

부처님께서 말씀하셨다.

"훌륭하도다! 훌륭하도다! 수보리여! 네가 말한 바와 같이 여래는 모든 보살을 잘 호념하며 모든 보살에게 잘 부촉하느니라. 너는 지금 자세히 들어라. 마땅히 너희를 위해 설하리라. 선남자 선여인이 아뇩다라삼먁삼보리심을 발하고는 마땅히 이와 같이 머무르며, 이와 같이 그 마음을 항복시키는 것이니라."

"그러하겠나이다. 세존이시어! 원컨대 즐거이 듣고자 하나이다."

【해설】

아라한을 성취하여야 장로(長老)라 칭한다. 수보리(Subuti, 善現, 善吉, 善業, 空生)는 해공제일(解空第一)로 십대제자 가운데 한 분이다. 본 경은 세존과 수보리와의 문답으로 되어 있다. 보살의 깨달음과 수행에 대한 문답이 해공제일의 제자와 이루어지고 있다는 것은 보살에 나아가는데 해공(解空)이 바탕이 되는 것임을 말해주고 있다.

수보리는 법문을 청하기 전에 공경의 예를 표하였다. 이 가운데 가사의 오른쪽 소매를 벗어 오른 어깨를 드러내는 것〔偏袒右肩〕은 인도 예법의 하나로 자진하여 시중을 들겠다는 뜻이라고 한다. 이어 부처님을 찬탄한다. 청문하기 전에 부처님을 찬탄하는 것은 한량없는 은덕에 감사하며, 그 가르침의 뜻이 한량없이 높고 넓음을 드러내는 것으로 반드시 행해야 할 기본 도리이다. 또한 부처님과 불법(佛法)을 찬탄하는 공덕은 한량없이 크다고 하였다. 찬탄하는 내용은 여러 가지가 있으나 여기서는 부처님께서 모든 보살을 잘 호념하시고 또한 잘 부촉하심을 찬탄하였다. 모든 보살을 잘 호념하는 것이란 무엇인가? 이에 대해서는 〈대승입능가경〉 권3 集一切法品二之三의 다음 글에 잘 설명되어 있다.

"또한 대혜여, 제불(諸佛)에게는 두 가지 가지(加持)로 모든 보살을 가지하여 부처님의 발에 정례(頂禮)하고, 여러 뜻을 듣게 하나니라. 두 가지가 무엇인가 하면, 삼매에 들게 하며, 그 보살의 앞에 몸을 나타내어 손으로 관정(灌頂)하는 것이니라. 대혜여, 초지보살(初地菩薩)마하살이 제불의 가지력(加持力)을 입은 까닭에 보살대승광명정(菩薩大乘光明定)에 들고, 들고 나면 시방제불(十方諸佛)이 그 앞에 두루 나타나시어 신(身)과 어(語)로 가지하시나니, … (중략) …. 또한 대혜여, 제보살마하살은 삼매에 들어 신통을 나타내어 설법을 하나니, 이와 같은 모든 일은 모두 제불의 두 가지 가지력에 말미암은 것이니라. … (중략) …."

대혜보살마하살이 다시 부처님께 여쭈었다.

"무슨 까닭에 여래께서 그 가지력으로 모든 보살로 하

여금 삼매에 들게 하고, 보살지에 이른 보살에게 손으로 관정하시나이까?"

부처님께서 말씀하셨다.

"대혜여, 만약 이렇게 하지 않으면 저 보살들은 곧 외도와 성문, 마경(魔境) 가운데 떨어져 무상보리(無上菩提)를 이룰 수 없나니, 이 때문에 여래는 가지력으로 모든 보살을 거두어주시느니라."

즉 제불(諸佛)은 두 가지 가지력으로 모든 보살이 삼매에 들게 하고 신통력을 나타내며 설법하게 한다. 제불이 이렇게 가지[護念]하시는 것은, 만약 이렇게 하지 않으면 모든 보살은 외도나 성문, 마경(魔境)에 떨어져 무상보리를 성취할 수 없게 되는 까닭이다. 바로 이것이 제불께서 모든 보살을 호념하는 내용이고 까닭이다. 수보리는 부처님의 한량없는 공덕 가운데 보살에 대한 가지 호념을 들어 찬탄하였다. 본 경이 보살의 보리(깨달음)와 발보리심(發菩提心)과 수도(修道)를 설하고 있고, 보살의 이러한 행 또한 부처님의 가지 호념에 의한 것임을 드러내어 찬탄한 것이다.

보살들에게 잘 부촉(付囑)함이란, 보살이 중생계에서 불법을 수지(受持)하고, 전파하며, 훌륭하게 상구보리 하화중생(上求菩提 下化衆生)할 것을 당부한다는 뜻이다.[4]

---

4) 천태지자(天台智者)대사는 호념(護念)은 意密이고 般若實道를, 부촉

아뇩다라삼먁삼보리란 무상정등각(無上正等覺)의 뜻이고, 대승의 구경위(究竟位)인 구경각 또는 묘각(妙覺)을 말한다. 이를 무상정등각이라 함은 인위(因位)의 보살행에서 증득하게 되는 상사각(相似覺)·수분각(隨分覺; 보살초지에서 보살십지)·등각(等覺) 등 여러 각위(覺位)와 비교할 수 없이 무상(無上)이며, 바르고 평등한 각(覺)인 까닭이다. 아뇩다라삼먁삼보리심이란 바로 이 무상정등각을 이루겠다는 발심이다. 대승경전의 도처에서 이 보리심의 발심을 크게 강조한다. 왜 그러한가? 성문승의 극과(極果)인 아라한위(阿羅漢位)가 궁극의 성취인 것으로 착각하여 그 소승의 열반락에 안주하는 데서 벗어나 대승의 보살행을 통해 묘각에로 나아가게 하기 위함이다. 〈대승입능가경〉 권제6 변화품(變化品) 제7에

　　대혜여, 나는 (아라한이 有餘涅槃에 머무르지 않고) 무여열반(無餘涅槃)을 얻도록 하기 위함이며, (그리고) 저들(아라한들)이 보살행을 닦도록 은밀히 권하는 것이니, 이 세계나 다른 세계에는 성문열반을 즐거이 구하는 제보살들이 있거늘, 그 마음을 버리게 하고 나아가 대행(大行)을 닦도록 하고자 그와 같이 설한 것이니라.

라 하였다. 〈능가경〉 등에 의하면 성문승의 아라한위는 대승의

　　(付囑)은 口密이며 方便權道를 뜻한다고 하였다.〈금강반야경소〉

보살위로 보면 보살제7지에 해당한다. 세존께서는 제자들에게 처음에는 성문승의 가르침으로 아라한위를 목표로 제시하며 나아가게 하였다. 처음부터 벅찬 보살행을 거쳐 어마어마한 묘각(妙覺)을 제시하면 아직 근기가 익지 않은 제자들이 처음부터 나아가려고도 하지 않을 것이기 때문이다. 비유하면, 어린 아이와 길을 가면서 갈 길이 천 리라고 하면 아이는 아예 가려고도 하지 않을 것이다. 그러나 백 리만 가면 된다고 하여 즐거이 따르게 하고, 여기에 이르면 그간 다리에 힘도 붙어 더 나아갈 자신과 역량이 있게 되므로, 도달해야 할 궁극의 자리를 일러주고 더 나아가게 하는 것과 같다. 그런데 왜 발심(發心)이 그토록 중요한가. 아라한의 열반락은 너무나 좋아서 여기에서 쉽게 벗어나기 어렵다. 그래서 고해 속의 중생에 대해 연민하는 동체대비(同體大悲)와 중생과 함께 닦으며 묘각에 함께 이르겠다는 동수성불(同修成佛)의 보살행 서원을 세워 그 원력으로 열반락에서 벗어나게 하는 것이다. 그리고 이 서원이 곧 묘각의 과(果)를 맺게 하는 인(因)이 되는 것이고, 초발심(初發心)한 때에 바로 정각(正覺, 무상정등각)이 이루어진다 함은 보살에 비유하는 연꽃처럼 인(因)과 과(果)가 동시인 까닭이다.

본 단락에서는 바로 이제 위와 같은 보리심을 발심한 선남자 선여인(초발심의 보살)이 마음을 어떻게 머무르며, 마음을 어떻게 항복받을 것인가를 설하겠다는 뜻을 드러내었으니 본 경에서 설하고자 하는 바의 초점은 바로 여기에 있다.

第三 大乘正宗分(대승의 正宗)

佛告須菩提.
"諸菩薩摩訶薩 應如是降伏其心. 所有一切衆生之類, 若卵生, 若胎生, 若濕生, 若化生, 若有色, 若無色, 若有想, 若無想, 若非有想非無想, 我皆令入無餘涅槃, 而滅度之, 如是滅度無量無數無邊衆生, 實無衆生得滅度者. 何以故. 須菩提, 若菩薩有我相・人相・衆生相・壽者相, 則非菩薩."

부처님께서 수보리에게 말씀하셨다.
"모든 보살마하살은 마땅히 이와 같이 그 마음을 항복받아야 하느니라. 일체 모든 중생류들, 난생(卵生)이든, 태생(胎生)이든, 습생(濕生)이든, 화생(化生)이든, 유색(有色)중생이든, 무색(無色)중생이든, 유상(有想)중생이든, 무상(無想)중생이든, 비유상비무상(非有想非無想)중생이든, 이들을 나는 모두 무여열반(無餘涅槃)에 들게 하여 멸도(滅度, 열반, 해탈)하게 하나니, 이와 같이 무량하고 무변(無邊)한 중생들을 멸도하게 하지만 실은 멸도를 이룬 중생이 없느니라. 왜 그러한가. 수보리야, 만약 보살이 아상(我相)·인상(人相)·중생상(衆生相)·수자상(壽者相)이 있다면 보살이 아닌 까닭이니라."

【해설】

먼저 용어를 설명한다. 난생은 알로 태어나는 것, 태생은 모태에 의지하여 태어나는 생류, 습생은 습기에 의지하여 태어나는 생류, 화생은 타신(他身)에 의지함이 없이 홀연히 태어나는 생류(천상, 지옥, 극락 중 화생), 유색(有色)은 욕계와 색계를 합하여 말한 것이고, 무색(無色)은 무색계, 유상(有想)은 뒤의 무상천(無想天)과 비유상비무상천(非有想非無想天)을 제외한 삼계(三界) 모두를 말하며, 무상(無想)은 색계제사선천(色界第四禪天)인 무상천(無想天)이고, 비유상비무상(非有想非無想)은 무색계(無色界)의 최상위[第四天]인 비유상비무상천(非有想非無想天)이다. 무여열반(無餘涅槃)은, 소승에서는 신(身)까지 멸하여 더 이상 의지하는 바가 없는[無餘依] 열반을 말하고(灰身한 寂滅智), 대승에서는 일체의 번뇌업장[五住地煩惱]을 남김없이 모두 멸진하고, 또한 일체의 공덕을 원만히 성취하지 않음이 없는 진무주처(眞無住處)·구경각(究竟覺, 妙覺)을 말한다. 또 대승에서는 사주지번뇌(四住地煩惱)가[5] 멸진한 것을 유여의열반(有餘依涅槃)

---

5) 삼계의 견혹(見惑)과 사혹(思惑)을 네 가지로 구분한 것. 이 번뇌가 근본이 되어 온갖 번뇌의 의지가 되니 住地라 한다. 삼계의 일체 견

이라 하고, 오주지번뇌(五住地煩惱)가[6] 멸진한 것을 무여의열반(無餘依涅槃)이라 한다.

　아상(我相)·인상(人相)·중생상(衆生相)·수자상(壽者相)의 소위 사상(四相)에 대한 일반의 해석은, 실아(實我)가 있고 아(我)의 소유(所有)가 있다고 분별하는 상〔我相〕, 아(我)가 인(人)이라고 분별하여 여타의 생류와 다르다고 분별하는 상〔人相〕, 아(我)가 수많은 법의 상속에 의지하여 생하였다고 분별하는 상〔衆生相〕, 아(我)가 한 생애의 수명이 있어 세상에 머무는 분한(分限)이 있다고 분별하는 상〔壽者相〕이다. 그러나 이 가운데 인상은 아상에 의지하여 아(我) 아닌 타상(他相)이 있다고 보는 상, 중생상은 아상과 인상에 의지하여 좋아하고 싫어하며 걱정하고 화내는 중생 공통의 상, 수자상은 앞의 세 상에 의지하여 이를 상속해 가게 하는 수명의 실체가 있다고 보는 상 등으로 이해하는 것이 더 타당할 것이다.

　그러나 본 경에서 말하는 사상(四相)은 이러한 상만을 가리키는 것은 아닌 것으로 본다. 왜냐하면 이러한 상은 성문승(聲聞乘)의 성취에 의해서도 소멸되기 때문이다.[7] 즉 성문승에서

　　혹을 見一切住地라 하고, 사혹을 삼계의 순서로 나누어 欲愛住地(欲界의 思惑)·色愛住地(色界의 思惑)·有愛住地(無色界의 思惑)라 한다. 이들을 합칭해서 사주번뇌(四住煩惱)라 한다.
6) 앞의 四住煩惱에 無明住地를 합하여 오주번뇌(五住煩惱)라 칭한다. 無明이 일체 번뇌의 뿌리이고 근원이 되는 것이라는 뜻으로 無明住地라 한다. 아라한과 벽지불은 아직 이를 끊지 못하였고, 오직 如來만이 끊었다.

끊게 되는 오온법상(五蘊法上)의 사상(四相)으로 불보살의 경지를 설명한다는 것은 어울리지 않는다. 그래서 본 경에서의 사상은 위의 사상(四相)뿐 아니라 성문승에서는 끊지 못한 매우 미세하여 끊기 어려운 상을 말한 것으로 보아야 한다. 그렇다면 어떠한 사상인가? 바로 지경사상(智境四相)이다. 〈원각경약소(圓覺經略疏)〉 하(下)에 이를 다음과 같이 해설하고 있다.

아상(我相): 열반의 이(理)에 대해 마음에서 증(證)한 바가 있어 그 증한 바를 취하고 집착하여 잊지 않고는 이를 아(我)로 오인(誤認)함을 말한다.

인상(人相): 앞의 아상(我相)에서 일보 나아가 다시는 아(我)로 생각하지 아니하나, 아직 내가 오(悟)하였다는 마음을 지니고 있는 것을 말한다.

중생상(衆生相): 앞의 인상(人相)에서 다시 일보 나아가 비록 이미 아상과 인상을 초월하였지만 아직 증(證)하고 오(悟)하였다는 상이 남아 있는 것을 말한다.

수자상(壽者相): 앞의 중생상에서 일보 더 나아가 비록 증오(證悟)하였다는 마음은 초월하였으나 아직 능각(能覺)의 지(智)는 남아 있는 것이 마치 저 수명이 잠복하여 이어지는 것과 같아 이름하여 수자상이라 한다.

---

7) 이를테면 聲聞四果 가운데 最下 階位인 수다원에서 身見과 疑見과 戒禁取見을 끊는데(〈대승입능가경〉 권제3 集一切法品), 이 중 身見이란 오온(五蘊)을 취하는 데서 我와 我所(대상)를 집착하게 되는 것을 말한다.

즉 이 사상(四相)은 열반의 이(理)를 증(證)한 이후 구경각(究竟覺)에 이르는 과정에서 얻게 되는 지경(智境)에 걸리는 상을 말한다. 본 경에서 일체 중생을 멸도(滅道)하게 하였으나 멸도한 중생이 아무도 없다고 설한 것은 곧 이 지경사상(智境四相)이 없어야 가능한 것임을 말해주고 있다. 성문승도 가능한 전자의 사상(四相)을 멸하였다 하더라도 아직 위와 같은 후자의 사상〔智境四相〕이 있다면, 일체 중생을 멸도하게 하였으나 멸도한 중생이 아무도 없다는 경지는 가능할 수 없다.

第四 妙行無住分(머무름 없는 妙行)

"復次須菩提, 菩薩於法應無所住行於布施, 所謂不住色布施, 不住聲香味觸法布施. 須菩提, 菩薩應如是布施, 不住於相. 何以故. 若菩薩不住相布施, 其福德不可思量. 須菩提, 於意云何. 東方虛空 可思量不?"

"不也, 世尊."

"須菩提, 南西北方四維上下虛空, 可思量不?"

"不也, 世尊."

"須菩提, 菩薩無住相布施福德 亦復如是, 不可思量. 須菩提, 菩薩但應如所敎住."

"또한 수보리야, 보살은 어디에나 머무름 없이 보시를 행할지니 소위 색(色)에 머무르지 아니하고 보시하며, 성(聲)·향(香)·미(味)·촉(觸)·법(法)에 머무르지 아니하고 보시하는 것이니라. 수보리야, 보살은 마땅히 이와 같이 보시하여 상(相)에 머무르지 않아야 하느니라. 무슨 까닭인가. 만약 보살이 상에 머무르지 아니고 보시한다면 그 복덕을 헤아릴 수 없느니라. 수보리야, 어떻게 생각하느냐. 동방의 허공을 헤아릴 수 있겠느냐?"

"없나이다. 세존이시어!"

"수보리야, 남·서·북방·사유와 상하·허공을 헤아릴 수 있겠느냐?"

"없나이다. 세존이시어!"

"수보리야, 보살이 상에 머무르지 아니하고 보시한 복덕도 또한 이와 같아 헤아릴 수 없느니라. 수보리야, 보살은 단지 마땅히 가르친 바와 같이 머물러야 하느니라."

【해설】

 머무름 없는 묘행(妙行)의 공덕을 설하였다. 머무름 없음이 왜 묘행인가? 일체법을 얻을 수 없다는 대승의 요의(要義)가 원만히 구족되는 까닭이다. 또 머무르지 않음에서 본심(本心)이 명료해지는 까닭이다. 그리하여 본심(一心)의 상락아정(常樂我淨)이 그대로 발현하니 그 복덕이 한량이 없다. 여타의 상(相)에서 머무르지 않는 것도 어렵거니와 특히 보시(布施)하면서 그 상에 머무르지 않음이란 더욱 어렵다. 더욱 어려운 것이니 더욱 더 복덕이 크고 헤아릴 수 없다. 또한 사상(四相)에 머무르지 않음이 동시에 갖추어진다. 보살의 보시행의 요체는 법보시(法布施)이다. 설하는 진리와 여리(如理)한 무주행(無住行)이 동시에 만족되는지라 그 공덕이 한량이 없다. 일심(一心)의 본원(本願) 자리에서 행해짐이라 보시의 상이 따로 없고, 구제(救濟, 滅度)의 상이 따로 없으며, 그 공력(功力)과 공덕이 한량이 없다.

第五 如理實見分(如理하고 如實하게 보라)

"須菩提, 於意云何. 可以身相見如來不?"

"不也. 世尊. 不可以身相得見如來. 何以故, 如來所說身相 卽非身相."

佛告須菩提.

"凡所有相, 皆是虛妄, 若見諸相非相 卽見如來."

"수보리야, 어떻게 생각하느냐. 신상(身相)으로 여래를 볼 수 있느냐?"

"볼 수 없나이다. 세존이시어! 신상으로 여래를 볼 수 없나이다. 왜냐하면 여래께서 설하신 신상이란 신상이 아닌 까닭입니다."

부처님께서 수보리에게 말씀하셨다.

"무릇 상(相)이 있는 것들은 모두 허망한 것이나니 모든 상(相)이 상(대상)이 아님을 본다면(안다면) 곧 여래를 봄이니라."

【해설】

　신상(身相)을 비롯한 일체의 상(相)은 모두 화합(和合)으로 생긴 것이고〔和合相〕, 다른 것에 의지하여 생긴 까닭에(依他起性) 단지 그림자와 같고, 환(幻)과 같으며, 꿈과 같아 실(實)이 아니다. 그래서 그 상을 취할 수도 없고, 얻을 수도 없다. 여래의 신상도 이와 마찬가지여서 삼십이상의 신상을 설하셨으나 그 실(實)이 없는 것이니 신상(身相)이 신상이 아니다. 단지 언설일 뿐이다. 언설이 신상일 수는 없다. 이렇게 일체의 상이 허망한 것이어서 얻을 수 없다는 이(理)가 곧 무상(無相, 非相)의 이(理)이다. 그래서 일체의 상은 그대로 무상의 의(義)이다. 또한 일체의 상은 처소가 없으니 곧 여래의 의(義)이다. 여래(如來)란 곧 이 무상(無相, 非相)의 이(理)이다. 염(念)의 상을 떠나 있음을 이름하여 법신(法身)이라 한다. 무상이니 상에 끌리거나 물들거나 영향받지 않는다. 이것이 곧 일체법에서 여리(如理)하고 여실(如實)하게 행함이다. 상(相)이란 대상으로 보이는 것이나 그 상이 대상으로서의 상이 아니게 될 때〔非相〕 바로 그 상은 그대로 신증(身證)되는 각(覺)이다. 단지 주의할 사항은 일체상이 본래 그대로 무상(無相)인지라 일체상에서 바로 무상임을 알면 곧 여래를 보는 것이라는 점이다. 즉 일체상을 떠나 다른 곳에 여래〔無相의 理〕가 있는 것이 아니다. 일체상에서 여리하고 여실하게 보면 곧 여래를 봄이다. 여래란 무상이니 어디에서나 무상임을 알면(보면) 곧 그 자리가 여래인 것이다. 그리고 여래는 무상인지라 생각의 대상이 될 수 없으며, 본래 능(能; 주관)과 소(所; 대상)가 따로 없는 일심(一心)인지라 대상으로 삼을 수 없다. 단지 여리(如理)하고 여실(如實)하게 알 뿐, 무상에도 머무름이 없다. 무상(無相)에 향하고 무상을 얻으려 한다면 이 무상이 무상이라는 상이 되어버린다. 그래서 마음 둘 곳이 없고, 갈 곳이 없으며〔心行處滅〕, 말의 길이 끊어졌다〔言語道斷〕.

第六 正信稀有分(올바른 믿음 갖는 것의 희유함)

須菩提白佛言,
"世尊, 頗有衆生, 得聞如是言說章句, 生實信不?"
佛告須菩提,
"莫作是說. 如來滅後後五百歲, 有持戒修福者, 於此章句 能生信心, 以此爲實, 當知是人 不於一佛二佛三四五佛, 而種善根, 已於無量千萬佛所, 種諸善根. 聞是章句, 乃至一念, 生淨信者, 須菩提, 如來悉知悉見 是諸衆生得如是無量福德. 何以故. 是諸衆生 無復我相・人相・衆生相・壽者相, 無法相, 亦無非法相. 何以故. 是諸衆生, 若心取相, 則爲着我・人・衆生・壽者, 若取法相, 卽着我・人・衆生・壽者. 何以故. 若取非法相, 卽着我・人・衆生・壽者. 是故, 不應取法, 不應取非法. 以是義故, 如來常說, 汝等比丘知我說法如筏喩者. 法尚應捨, 何況非法."

수보리가 부처님께 말하였다.

"세존이시어! 여러 중생들이 이 말씀의 구절(句節)을 듣고 진실한 믿음을 낼 수 있겠나이까?"

부처님께서 수보리에게 말씀하셨다.

"그렇게 말하지 말라. 여래가 입멸한 후 오백 세에 계율을 잘 지키고 복덕을 닦은 이가 있어 이 구절에 능히 신심을 내고, 이 가르침을 진실하다고 할지니, 이 사람은8) 일불(一佛)이나 이불(二佛)·삼(三)·사(四)·오불(五佛) 처소에서만 선근을 심은 것이 아니고, 이미 한량없는 천만의 부처님 처소에서 제선근(諸善根)을 심었음을 마땅히 알아야 하느니라. 이 구절을 듣고 바로 일념에 청정한 믿음을 내는 자라면, 수보리야, 여래는 이 여러 중생들이 이와 같은 무량한 복덕을 얻을 수 있음을 모두 다 알고 모두 다 보느니라. 왜 그러한가. 이 여러 중생들은 다시는 아상·인상·중생상·수자상이 없고, 법상(法相)이 없을 것이며, 또한 비법상(非法相; 法相이 없음)도 없을 것이기 때문이니라. 왜 그러한가. 이 여러 중생들이 마음에서 상을 취한다면 곧 아상·인상·중생상·수자상을 취함이 되는 것이며, 만약 법상을 취한다면 곧 아상·인상·중생상·수자상을 취한 것이 되는 까닭이다. 왜 그러한가. 만약 비법상(非法相)을 취한다면 곧 아상·인상·중생상·수자상을 취하는 것이 되는 까닭이다. 이 까닭에 응당 법을 취하지 말아야 하며, 응당 비법(非法)을 취하지 말아야 하느니라. 이러한 뜻으로 여래는

---

8) 眞諦 譯의 〈금강반야바라밀경〉은 이 句가 「제보살마하살」이고, 보리유지 譯의 〈금강반야바라밀경〉은 「보살마하살」이다.

항상 설하나니 너희 비구들은 내가 뗏목에 비유하여 설한 법(뗏목으로 건너 저 언덕에 이르면 뗏목을 버린다. 뗏목은 교법에 비유한 것임)을 잘 알아야 하느니라. 법도 응당 버려야 하거늘 하물며 비법(非法)이야 말할 나위가 있겠느냐."

【해설】

 상(相)이 상 아님을 보는 것이 곧 여래를 보는 것이라는 가르침에 진실한 믿음을 갖을 사람이 과연 얼마나 있을 것인가. 수보리는 매우 드물 것이라는 생각으로 질문하였다. 그러나 여래는 그렇게 비관적으로 보지 말라고 한다. 정법(正法)시대가 끝나는 불멸(佛滅) 후 오백 년에 지계(持戒)와 복덕을 닦은 이들이 나와 이 가르침에 신심을 낼 것이며, 이들은 이미 한량없는 천만의 부처님 처소에서 선근을 심어 온 이들이라고 한다. 그리고 이들은 아상(我相)·인상(人相)·중생상(衆生相)·수자상(壽者相)이 없고, 법상(法相)도 없으며 비법상(非法相)도 없어서 무량한 복덕을 얻을 것이라고 한다.

 법상(法相)이란 크게 두 가지 뜻으로 쓰인다. 하나는 다른 존재와 구별되는 개별의 법(존재)을 가리키니 곧 유위 무위(有爲 無爲)의 일체법이 이것이다. 또 하나는 여래께서 언설로 설한 모든 가르침, 즉 교법(敎法)을 가리키며 본 경에서의 법상은 바로 이것이다. 여래의 가르침은 일단 인연·공·해탈·열반 등 언설로 된 것이니 언설상이다. 이 법상(法相; 敎法의 相)은 중생이 알아듣도록 중생의 망념에 따라 설한 것이다. 그러나 망념(妄念)이란 곧 그 실체가 없는 것이니 망념에 따라 설한 법상도 또한 그러하다. 또한 언설상이기에 실(實)이 아니다. 또한 일심(一心)에서 따로 법을 듣는 중생을 얻을 수 없고, 설하는 자도 따로 있지 아니하다. 그러하니 설한 법 또한 얻을 수 없다. 마음이란 본래 설하거나 들음이 없다. 본래 그대로 각(覺)인데 무슨 다른 것을 대상으로 하여 듣고 설하고 하겠는가. 그래서 법상(法相)이 없다. 이와 같이 법상이 없다고 보는(생각하는) 것이 비법상(非法相)이다.

그러나 또한 법상이 없다는 상(相)을 취함도 하나의 상이다. 법상이 없음[非法相]도 얻을 수 없다. 그리고 법상도 비법상도 얻을 바 없는 바로 그 의(義)가 진여(眞如)이고 법신(法身)인지라 실상(實相)이 없지 아니하니 비법상(非法相; 法相이 없음)도 없다[非非法相]. 그러나 그 실상은 염(念)과 상(相)을 떠나 대상이 아니니 법상이 있음도 아니다[非有法相]. 이러함이 곧 유(有)와 무(無)를 떠나되 유와 무가 없지 아니한 중도(中道; 實相)의 묘리(妙理)이다. 이 묘리에 따르니 심행처멸(心行處滅)이고 언어도단(言語道斷)이다.

그런데 이 중도실상(中道實相)을 떠나 법상이든 비법상이든 어느 상에나 향하거나 취착(取着)한다면 곧 아상·인상·중생상·수자상의 사상(四相)에 취착함이 되어버린다. 즉 이 사상이 전제되어 있음에 어느 상에 향하게 되고 취착하게 되는 것이다. 그래서 어떠한 상이든 취착할 수 없고 어떠한 상에도 향해서는 안 된다. 뗏목에 의지하여 강을 건넜으면 뗏목을 버려야 땅에 오를 수 있듯이, 교법(敎法)이라는 법상에 의지하여 망념의 바다를 건넜으면 그 법상도 버려야 피안(彼岸; 열반)에 오를 수 있다. 이미 교법의 상도 버리라 하였는데 이 교법의 상을 억지로 버림이 있으면 곧 비법상(非法相)이고, 또 하나의 상을 생기(生起)함이니 교법의 상을 버리라 함에 어긋난다. 그래서 법상도 응당 버려야 하거늘 비법상이야 말할 나위 없다고 하였다.

〈대승입능가경〉에 일체법이 무생(無生)이라 설하니, 이를 듣고 무생이라는 법상에 취착하면 무생이라는 법이 생긴 것이 되어 스스로 무생(無生)의 의(義)에 어긋난다고 하였다. 요컨대 법상(法相)의 의(義)를 여리(如理)하고 여실(如實)하게 요달한다면 그 법상에 묶이거나 취착하지 않으며, 무생(無生)의 의(義)를 여리하고 여실하게 요달하였다면 무생의 법을 따로 구하거나 얻으려 할 바 없다. 무생을 비롯한 일체의 법상을 따로 구하거나 얻으려 한다면 이미 여기에는 사상(四相)이 있게 되는 것이다. 보살은 성문승보다 더 뛰어난 일승(一乘)의 법으로 가지만 아차 하면 법상과 비법상에 걸리기 쉽고, 이렇게 되면 다시 사상(四相)에 취착함이 되어버리는 잘못을 범하게 되므로, 그렇게 되지 않도록 재삼 일깨우는 법문이다.

第七 無得無說分(얻을 바 없고 설한 바도 없음)

"須菩提, 於意云何. 如來得阿耨多羅三藐三菩提耶. 如來有所說法耶."

須菩提言, "如我解佛所說義, 無有定法 名阿耨多羅三藐三菩提, 亦無有定法 如來可說. 何以故, 如來所說法 皆不可取, 不可說, 非法, 非非法. 所以者何, 一切賢聖皆以無爲法 而有差別."

"수보리야, 어떻게 생각하느냐? 여래가 아뇩다라삼먁삼보리를 얻은 바가 있느냐? 여래가 법을 설한 바가 있느냐?"

수보리가 말하였다.

"제가 부처님께서 설하신 바의 뜻을 이해한 바로는 (有·無 등의 어느 한 쪽으로) 법을 단정할 수 없음[心行處滅, 言語道斷]이 아뇩다라삼먁삼보리[無上正等覺, 진여실상]이오며[不可說], 또한 법을 (어느 한 쪽으로) 단정할 수 없는 것이기에 여래께서는 설할 수 있다는 것입니다[非不可說]. 왜냐하면 여래께서 설하시는 법은 모두 다 취할 수 없는 것이며, 설할 수 없는 것이고, 비법(非法)이며, 비법이 아니기 때문입니다. 무슨 까닭인가 하면 일체의 현성(賢聖)이 모두 무위법(無爲法)으로 차별이 있는 까닭입니다."

【해설】

무유정법(無有定法)에서 '정(定)'에 두 가지 뜻이 있다. 하나는 '실성(實性), 실체(實體), 체성(體性)'의 뜻이고, 다른 하나는 '한 쪽으로 치우쳐 단정한다'는 뜻이다. 전자에 의거하여 이 구절을 의역한다면, '(일체법은 인연화합으로 생긴 것이라) 실체가 없는 것이니 이를 이름하여 아뇩다라삼먁삼보리(무상정등각, 진여실상)라 한다.'이고, 후자에 의거한다면, '(여래는 일체법에 대해 '有'나 '無' 등의) 어느 한 쪽으로 치우쳐 단정하지 않나니 이를 이름하여 아뇩다라삼먁삼보리라 한다.'이다. 즉 후자의 뜻은 바로 심행처멸(心行處滅), 언어도단(言語道斷)의 뜻이다. 그런데 이 양자는 실은 같은 뜻이다. 전자의 뜻에 의거하니 한 쪽으로 치우쳐 단정하여 설함이 없는 것이기 때문이다. 그리고 앞의「無有定法 名阿耨多羅三藐三菩提」는 불가설(不可說)의 뜻이고, 뒷구「亦無有定法 如來可說(또한 법을 단정하여 말할 수 없음을 여래께서 설할 수 있음) (또한 법을 단정하여 말할 수 없되 여래께서 설할 수 있음)」은 비불가설(非不可說)의 뜻이다. 즉 설할 수 없되 설함이 없지 아니하고, 설하되 설함이 없음이다. 여래께서 설하시는 법은 취할 수 없는 것이라 함은 본래 일체법이 언설상을 떠나 있고 헤아림을 떠나 있음을 설하신 것이니 그 설하신 법의 뜻에 여리(如理)한다면 설하신 법도 취할 수 없다는 뜻이다. 설하신 법을 듣고 이를 취한다면 설하신 법의 뜻에 위배되기 때문이다. 또 설할 수 없다고 함은 본래 일체법이 무생(無生)이고 언설상과 헤아림을 떠나 있는 까닭이다. 또 오직 능(能; 인식주체)과 소(所; 인식대상, 경계)를 떠난 일심(一心)일 뿐이기 때문이다. 그리고 법이 불가설이니 비법(非法)이고, 비불가설(설할 수 없지 않음)이니 비비법(非非法)이다.

비법과 비비법에도 두 가지 뜻이 있다. 하나는 법이 비유(非有)임이 비법(非法)이고, 법이 비무(非無)임이 비비법(非非法)이라 함이고, 또 다른 하나는 인연화합으로 생긴 법인지라 그 실체(진실한 상)가 없어 비법이고, 실체가 없다는 이(理)가 바로 진여실상(眞如實相)인지라 이 진여실상이 없지 않으니 이를 비비법이라 함이다. 진여실상은 상(相)을 떠났는데 이를 취착하거나 향한다면 비비법이라는 상을 취한 것이 되어 이미 진여실상에 어긋난다.

일체의 현성(賢聖)이 무위법으로 차별이 있기 때문이라 함은, 무위(無爲; 眞如實相, 覺)는 둘이 아니고 차별이 없으나 이를 증(證)하는 자에 차별이 있어서 여래의 무위를 진무위(眞無爲)라 하면, 보살초지(환희지)에서 등각(等覺)까지의 무위는 증한 바의 정도에 따라 구분되는 (隨分의) 무위가 되며, 이러한 차별이 있기 때문에 비법과 비비법을 함께 갖추어 설함 없이 설한다는 뜻이다. 즉 여러 현성이 아직 진무위에 이르지 못한 터라 설할 바 없는 법을 설함이다. 즉 어느 단계의 현성에게는 비법을 용(用)하고, 어느 단계의 현성에게는 비비법을 용(用)하는 것이니, 여래의 위(位)에서는 비법(非法)도 얻을 바 없고, 비비법(非非法)도 얻을 바 없으며, 두 법이 어디에 따로 있는 것이 아니나 현성의 차별에 응하여 두 법을 적절하게 베푼다는 것이다. 그러나 여래의 위(位)에서는 이 두 법을 얻을 바 없고, 어디에 따로 있는 것이 아니니 설함이 없고, 설하는 교법이 없다.

第八 依法出生分

(본 경의 가르침에 의하여 아뇩다라삼먁삼보리가 나온다)

"須菩提, 於意云何? 若人滿三千大千世界七寶以用布施, 是人所得福德, 寧爲多不?"

須菩提言,

"甚多, 世尊. 何以故, 是福德, 卽非福德性,9) 是故, 如來說, 福德多."

"若復有人, 於此經中, 受持乃至四句偈等, 爲他人說, 其福勝彼. 何以故. 須菩提, 一切諸佛 及諸佛阿耨多羅三藐三菩提法, 皆從此經出. 須菩提, 所謂佛法者, 卽非佛法."

"수보리야, 어떻게 생각하느냐? 만약 삼천대천세계에 가득한 칠보로 보시한다면 이 사람이 얻는 복덕이 어찌 많지 않겠느냐?"

수보리가 말하였다.

---

9) 저본인 〈대정장〉본은 '復福性'인데, 이는 오자(誤字)이다.

"매우 많나이다. 세존이시어! 왜냐하면 이 복덕은 곧 복덕의 체성이 없는 것이니 이 까닭에 여래께서 복덕이 많다고 말씀하셨습니다."

"만약 어떤 사람이 이 경을 수지하며 그 가운데서 사구게(四句偈) 등이라도 타인에게 설한다면 그 복덕이 저 경우보다 더 뛰어나느니라. 왜 그러한가. 수보리야, 일체 제불과 제불의 아뇩다라삼먁삼보리법이 모두 이 경으로부터 나온 까닭이니라. 수보리야, 소위 불법이라 하는 것은 곧 불법이 아닌 것이니라."

【해설】

이 장에서는 일체법의 자성(自性; 體性)이 없는지라 일체법일 수 있음을 밝히고 있다. 즉 공즉시색(空卽是色)의 도리를 설명하였다. 일체법은 인연화합으로 생긴 것이라 그 자성(實我)이 없다. 즉 다른 것에 의지하여 생긴 것이라는 점에서 이를 의타기성(依他起性)이라 한다. 또 이와 같이 본래 그 실아(實我; 實體)가 없어 무엇이라 할 바가 없는 것인데, 어떤 것으로 보이고 분별함은 무시 이래 쌓아 온 망령된 분별의 습기(習氣)에 의한 것이니 이를 변계소집성(遍計所執性)이라 한다. 그래서 무아(無我)이고 공(空)이라 한다. 그러나 또한 본래 자성이 있는 것이었다면 곧 다른 것들의 인연화합이 있어야 생기게(緣起) 될 까닭이 없게 되고, 그렇다면 예를 들어 꽃이라는 존재는 다른 존재와 아무런 관련을 갖지 않게 되어 아무런 의미도 갖지 못하게 된다. 여타의 존재에게 아무런 의미도 주지 못하는 것은 바로 없다는 것이 된다. 그러나 일체법은 연기(緣起)로 있는지라 자성(自性)이 없지만〔無我, 空〕, 또한 연기로 있는지라 만법(萬法)이 될 수 있는 것이다. 그래서 〈중론〉 사제품(四諦品)에

 모두 인연으로 생긴 법이니 나는 이를 곧 무(無; 空)라 설하고, 또한 가명(假名; 假有)이라 하며, 또한 이것이 중도(中道)의 의(義)라고 하네.(衆因緣生法 我說卽是無 亦爲是假名 亦是中道義)

라 하였다. 또한 연기(緣起)함은 곧 일체법이 그대로 마음이기 때문이며, 마음이 어디에 따로 있는 것이 아니라 연기하는 그 자리가 곧 마음일 뿐이다. 각(覺)이란 연기하는 그 자리에서 일체법이 대상이 되지 아니하고, 신증(身證)되는 자리이다.

 삼천대천세계에 가득한 칠보로 보시하는 복덕은 크나 그 복덕에 체성이 있는 것은 아니다. 그 복덕도 인연화합으로 생겼고, 다른 것에 의지하여 생긴 의타기성(依他起性)의 것이기 때문이다. 그래서 그 자성이 없는 복덕을 크다 작다 할 수 없는 것이다. 그런데 부처님께서 그 복덕이 어찌 많지 않겠느냐고 말씀하신 것은 곧 그 자성이 없는 까닭에 그렇게 말씀하셨다는 것이니, 복덕의 자성이 인연화합으로 생긴 것이 아니라 본래 있었다면 그것은 복덕이 될 수가 없기 때문이다. 복덕의 자성

이 본래 있었다면 다른 것과 관련 없이 있다는 것이 되어 그것은 복덕의 의미를 주지 못하기 때문이다. 복덕은 복덕의 자성을 지니지 못한다. 복덕에 어찌 능(能; 주체)과 소(所; 객체, 대상)가 있겠는가. 단지 인연화합으로 있는 것어서, 인연화합이니 복덕의 자성이 없고〔空〕, 인연화합으로 있음이니 복덕이 없지 아니하다. 그래서 공즉시색(空卽是色)이다.

이러한 가르침을 설파한 본 경문의 사구게나 한두 구절만이라도 타인에게 설해준다면 그 복덕은 삼천대천세계 가득한 칠보 보시의 복덕보다 비할 바 없이 크다. 그리고 일체 모든 부처님과 그 아뇩다라삼먁삼보리의 법도 모두 이 경문의 뜻에서 나왔다. 그 뜻은 바로 불법(佛法)이라 함은 곧 불법이 아니라는 것이다. 또한 불법이 아니기에 불법이라는 것이다. 인연법이 곧 불법이다. 불법의 자성〔自體〕이 있다면 얻어지는 것이 되고, 얻는다는 것이 있게 되며, 불법이 아닌 것이 따로 있게 되고, 있음과 없음의 법이 따로 있게 되어 불법에 스스로 모순되어버린다. 그래서 앞의 복덕의 예와 마찬가지로 불법이 비불법성(非佛法性; 佛法의 自性이 따로 없음)이니 불법이다. 불법(佛法)을 다른 것과 구별하여 불법이라 하면 불법이 어디에 따로 있는 법이 되어버리지만, 불법이란 어디에 따로 있는 법이 아니다. 불가설(不可說)이고 불가득(不可得)이 불법인데 불법을 어찌 불법이라 할 수 있겠는가. 불법에서 따로 불법을 얻을 수 없어 불법이라 할 수 없다. 그래서 불법임이 따로 없을 때 불법 아님이 없다. 즉 일체의 견(見)과 상(相)을 떠난 자리가 불법인데 불법이라는 상을 어디에 둘 것인가. 마음 둘 곳 없고, 마음 길 끊어졌다. 용수보살은 〈중론〉의 맨 끝 송에서 설한다.

구담(석가모니) 대성주(大聖主)께서 〔瞿曇大聖主〕
저희 연민하시고 이 법 설하시어 〔憐愍說是法〕
일체의 견(見) 모두 다 끊게 하셨으니 〔悉斷一切見〕
제가 이제 머리 숙여 경례하옵니다. 〔我今稽首禮〕

第九 一相無相分(一相이며 無相인 行相을 밝힘)

"須菩提, 於意云何? 須陀洹 能作是念, 我得須陀洹果不?"

須菩提言,

"不也. 世尊. 何以故, 須陀洹 名爲入流, 而無所入, 不入色聲香味觸法, 是名須陀洹."

"須菩提, 於意云何? 斯陀含 能作是念, 我得斯陀含果不?"

須菩提言,

"不也. 世尊. 何以故, 斯陀含 名一往來, 而實無往來, 是名斯陀含."

"須菩提, 於意云何? 阿那含 能作是念, 我得阿那含果不?"

須菩提言,

"不也. 世尊. 何以故, 阿那含 名爲不來, 而實無不來,10) 是故, 名阿那含."

"須菩提, 於意云何? 阿羅漢 能作是念, 我得阿羅漢道 不?"

須菩提言,

"不也. 世尊. 何以故, 實無有法 名阿羅漢. 世尊, 若阿羅漢作是念, 我得阿羅漢道, 卽爲着我·人·衆生·壽者. 世尊, 佛說我得無諍三昧, 人中最爲第一, 是第一離欲阿羅漢. 我不作是念, 我是離欲阿羅漢. 世尊, 我若作是念, 我得阿羅漢道, 世尊, 則不說須菩提是樂阿蘭那行者, 以須菩提實無所行, 而名須菩提是樂阿蘭那行."

"수보리야, 어떻게 생각하느냐? 수다원이 생각하기를, '내가 수다원과를 얻었다'고 할 수 있겠느냐?"

수보리가 말하였다.

"할 수 없나이다. 세존이시어! 왜냐하면 수다원은 이름이 '입류(入流)'이오나 들어가는 바 없고, 색·성·향·미·촉·법에 들어감이 없어 그 이름이 수다원일 뿐입니다."

"수보리야, 어떻게 생각하느냐? 사다함이 생각하기를, '내가 사다함과를 얻었다'고 할 수 있겠느냐?"

수보리가 말하였다.

"할 수 없나이다. 세존이시어! 왜냐하면 사다함은 이름이 '일왕

---

10) 저본인 〈대정장〉본은 '來'이나 '不來'가 옳다.

래(一往來)'이오나 실은 왕래함이 없으니 그 이름이 사다함일 뿐입니다."

"수보리야, 어떻게 생각하느냐? 아나함이 생각하기를, '내가 아나함과를 얻었다'고 할 수 있겠느냐?"

수보리가 말하였다.

"할 수 없나이다. 세존이시어! 왜냐하면 아나함은 이름이 '불래(不來)'이오나 실은 불래(不來)함이 없으니 이 까닭에 이름이 아나함일 뿐입니다."

"수보리야, 어떻게 생각하느냐? 아라한이 생각하기를, '내가 아라한도를 얻었다'고 할 수 있겠느냐?"

수보리가 말하였다.

"할 수 없나이다. 진실로 법이 있지 않음을 이름하여 아라한이라 하온데, 세존이시어, 만약 아라한이 생각하기를 '내가 아라한도를 얻었다'라고 한다면 곧 아상·인상·중생상·수자상에 취착함이 되나이다. 세존이시어! 부처님께서 설하시기를 '내가 무쟁삼매(無諍三昧)를 얻은 것이 사람 가운데 제일이니라' 하시오니 바로 제일의 이욕(離欲)아라한이시옵니다. 저는, '내가 이욕아라한이다'고 생각하지 않사옵니다. 세존이시어! 제가 만약 생각하기를 '내가 아라한도를 얻었다'라고 한다면, 세존이시어! 수보리가 아란나행을 좋아하는 자라고 하지 못할 것이옵니다. 수보리는 진실로 행하는 바가 없는 까닭에 수보리가 아란나행을 좋아하는 자라고 할 수 있습니다."

【해설】

먼저 몇 가지 주요 용어에 대해 해설한다.

〈구사론(俱舍論)〉에 의거하여 성문승(聲聞乘)에서 설하는 칠현사성(七賢四聖)의 위(位)와 성문사향사과(聖聞四向四果)를 간략히 설명한다.

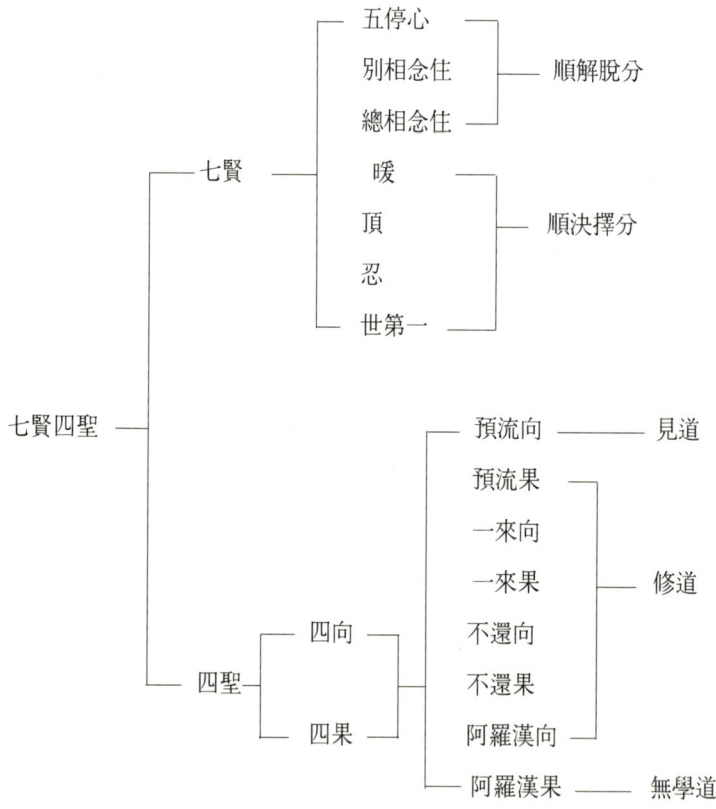

성문사향사과(聲聞四向四果): 각 위(位)에서 각 위의 과(果)를 이루기 전에 나아가는 수습(修習)의 위를 향(向)이라 하고, 향에 의해 도달한 위를 과(果)라고 한다.

수다원〔預流·入流〕: 세제일법(世第一法)에서 더 나아가 무루 십육심(無漏十六心)을 발하여 상하(上下; 忍과 智) 팔제(八諦)의 이(理)를 관함으로써 삼계의 견혹팔십팔사(見惑八十八使; 使는 번뇌)를 끊는 위(位)이다.[11] 예류(預流)라고 칭함은 이제 성자(聖者)의 류(類)에 유입(流入)하게 되었다는 뜻이다. 앞의 무루 십육심에서 앞의 십오심은 예류향(預流向)이고, 제십육심은 예류과(預流果)이다. 즉 앞의 십오심들은 모두 제십육심의 입(因)이 되는 도행(道行)인 까닭에 예류향이라 이름한다. 삼계의 견혹(見惑)을 모두 끊어 마친 위를 예류과라 하고, 이전의 인행(因行)의 위를 예류향이라 한다.

사다함〔一來·一往來〕: 예류(預流)에서 견혹(見惑)은 모두 끊었으나 아직 수혹(修惑)은 남아 있어 먼저 욕계의 수혹을 끊는 위이다. 수혹의 근간은 탐(貪)·진(瞋; 성냄)·치(痴; 어리석음)·만(慢; 아만심)의 4종이다. 이를 구품(九品)으로 나누는데 앞의

---

11) 無漏十六心이란, 四聖諦(苦集滅道)에 각기 法과 類가 있고, 여기에 다시 無間行(斷惑하는 행의 位)을 뜻하는 忍이 無間行을 통해 이루어지는 解脫道(이미 斷惑한 位)를 뜻하는 智의 道가 있어 十六心이 된다. 그리고 四聖諦에 각기 法과 類가 있어 이를 上下八諦라 한다. 見惑이란 四聖諦의 理에 미혹함을 말한다. 욕계의 四諦理에 미혹하여 32종, 색계의 四諦理에 미혹하여 28종, 무색계의 四諦理에 미혹하여 28종으로 도합 88종의 번뇌(使)를 八十八使라 한다.

오품까지를 끊은 위가 일래향(一來向)이고, 제육품을 끊은 위가 일래과(一來果)이다. 그래서 뒤의 삼품 수혹은 아직 남아 있어 그 미혹의 힘으로 반드시 욕계의 인천(人天)을 일회 왕래하는 까닭에 일래(一來)라 한다.

아나함[不還 · 不來]: 앞의 일래과(一來果)에서 더 나아가 욕계 수혹(修惑)의 제7품과 제8품을 끊음을 불환향(不還向)이라 하고, 제9품을 끊음을 불환과(不還果)라 한다. 불환(不還)이라 함은 이 위(位)에서 욕계 수혹을 전부 다 끊어서 욕계에 오게 하는 미혹의 힘이 없게 되어 다시는 욕계에 오지 않게 된 까닭이다. 이 불환과에 또 7종 또는 9종의 차별이 있다.

아라한(不生 · 應供 · 殺賊): 욕계수혹(欲界修惑)을 모두 끊은 아나함에서 더 나아가 색계 초선천(色界 初禪天) 제일품에서 무색계 유정천(無色界 有頂天)의 제팔품 수혹까지 끊은 위를 아라한향(阿羅漢向)이라 하고, 제구품 수혹까지를 모두 다 끊은 위를 아라한과(阿羅漢果)라 한다. 그래서 다시는 삼계에 태어남을 받지 않으니 불생(不生)이라 하고, 타인의 공양을 응당 받을 덕이 있는 까닭에 응공(應供)이라 하며, 모든 미혹을 멸진하였기에 살적(殺賊)이라 한다. 그리고 삼계의 견혹과 수혹을 모두 멸진하여 더 수학(修學)할 바가 없는 까닭에 무학위(無學位, 無學道)라 한다. 이 아라한에도 6종의 차별이 있다.

〈대승입능가경〉 권제3 집일체법품(集一切法品)에 설명된 성문사과(聲聞四果)의 내용을 간추려 정리하면 다음과 같다.

수다원과: 상·중·하의 세 가지 차별이 있다. 하자(下者)는 여러 수다원 가운데 제일 둔하여 칠반생(七反生; 人과 天에 7번씩 반복하여 태어남)한 후에야 아라한과를 성취하며, 중자(中者)는 세 번 혹은 다섯 번, 상자(上者)는 바로 차생(此生)에서 열반에 들어간다. 신견(身見)·의견(疑見)·계금취견(戒禁取見)의 세 가지 번뇌를 끊었다.

사다함과: 색상(色相)을 요달하지 못하여 색의 분별을 일으키는 까닭에 한번 (人과 天에) 왕래하여 수선행(修禪行)을 잘 마치고 고(苦)를 끝까지 다 소멸하여 열반에 든다.

아나함과: 과거, 미래, 현재의 색상(色相)에 유(有)·무견(無見)을 일으켜 분별하는 잘못이 잠들어 일어나지 않아 모든 번뇌를 영원히 버려 다시는 돌아오지 않는다.

아라한과: 제선(諸禪)의 삼매 해탈력을 모두 다 성취하여 번뇌와 모든 고통, 분별을 영원히 다 소멸하였다.

성문승(聲聞乘)은 점법(漸法)인지라 닦아감에 따라 얻고자 하는 경계와 얻어지는 경계에 향함이 있고, 얻는다는 생각이 있다. 그러나 일승(一乘)의 보살행은 바로 돈법(頓法)인지라 본래 일심(一心)이고 유심(唯心)이어서 따로 무엇을 얻을 바 없음을 요지(了知)하고 가니 어느 계위의 경계에나 향함이 없고, 얻는다는 생각이 없다. 본래 일심이라 출입함이 없고 부동(不動)하여 경계에 흔들림이 없으며, 염착(染着)함이 없는지라 직심(直心)이다. 그래서 성문승에 머물러 있다면 번뇌가 일부 소멸하여 성인(聖人)의 류에 들었다는 경계〔入流相, 預流相, 수다원相〕나, 인천(人天)을 한 번만 왕래한다는 상〔사다함相〕, 다시는 왕래하지 않는다는 상〔아나함相〕, 번뇌를 모두 멸진하였고, 다시는 삼계에 생하지 않는다는 상〔아라한相〕에 걸리고 머무르게 되나, 일승의 보살행자에게는 이러한 경계〔相〕가 단지 가명(假名)일 뿐, 일심 밖에 따로 있는 것이 아니라 분별을 떠나 여여(如如)할 뿐이다. 여여란 곧 차별의 경계에 평등함이니 마음을 움직여 분별함이 없음이다. 마음이 본래 여여하여 분별을 떠났음을 요지(了知)한지라 억지로 분별을 떠나려 함도 없다. 이것이 곧 여래의 무쟁삼매(無諍三昧)이다. 본래 번뇌가 생함도 없고, 멸함도 따로 없음을 요지한지라 마음을 애써 어떻게 하고자 함이 없고, 어떠한 경계를 구함도 없으며, 마음에서 이리저리 분별함이 없어서 무쟁(無諍)이고, 깨달아 알아서 분별함이 없음이어서 무너짐 없는 삼매이니 최상의 삼매이다. 이 삼매는 성문승의 상을 떠나지 못한 삼매하고는 뚜렷이 구분되는 무상삼매(無相三昧)이다. 성문승 최고의 성위(聖位)인 아라한도 무욕(無欲)을 성취하여 무위(無爲)의 도(道)를 이루었으나 열반상과 아라한도를 얻었다는 상에 걸려 있어 온전하고 원만한 이욕(離欲)은 되지 못한다. 그래서 무쟁삼매와 무상삼매에 의한 여래의 이욕은 모든 아라한의 무욕과는 구별되며, 최상 제일의 이

욕이라 한다. 본 경에서 여래를 제일이욕아라한이라 칭하여 여타의 아라한과 구분하기도 하였지만 아라한이라 칭한 것은 석가모니불께서 성불하신 후 당초에 아라한〔聲聞佛〕의 모습으로 제자들을 이끄시며, 아라한도의 법으로 아라한에 이르도록 지도하신 때문이다. 처음부터 묘각(妙覺)에 이른 모습으로 묘각에 이르는 길을 설하게 되면 제자와 중생들이 너무나 놀랍고 믿어지지 않으며 우매한 자신들로서는 도저히 이를 수 없는 길이라고 생각하여 아예 나서는 사람이 없을 것이기 때문이다. 이에 대해서는 〈법화경〉을 비롯한 여러 경전에서 비유로 설명하고 있다.

일승(一乘)의 반야의 이법(理法)에 의하면 본래 들어옴이 없고 나감도 없으며, 왕래함도 없고, 불생(不生)이라 할 것도 없다. 본래 무생(無生)이라 법이 따로 있을 바 없으니 아라한도와 아라한행과 아라한을 얻음이 어디에 있다 할 것인가. 이렇게 요지(了知)하여 여여부동(如如不動)함이 진실한 수다원이고, 사다함이며, 아나함이고 아라한이다. 즉 대승의 반야바라밀이며, 일승의 법이 되어야 진실한 사과(四果)이다. 또한 일승의 법이라 하면 곧 궁극의 가르침임을 뜻한다. 왜냐하면 성문승의 법은 임시 방편으로 시설한 것이고, 궁극으로는 일승으로 이끌기 위함인 까닭이다. 일승의 법에서는 앞의 이승(二乘)과 삼승(三乘)의 법이 원만하고 진실하게 살아난다. 바로 본 단락의 경문은 이를 밝히고 있다. 성문사과(聲聞四果)가 반야바라밀에 의해 올바르며 원만하고 지극하게 자리하게 되는 것임을 설명하고 있다.

　석가여래의 성문제자들도 본래는 구원(久遠)의 과거 이래로 보살이었다 하거니와(〈법화경〉), 성문승을 통해 아라한도를 성취하는 모습을 먼저 중생에게 보이기 위함이었고, 이를 보인 수보리는 이제 보살의 일승도(一乘道)를 부처님과 대화를 통해 펼쳐 보이고 있으니, 여기에서 일승의 돈법(頓法)이 뚜렷이 드러나고 있다. 즉 이승과 삼승의 법에 의거하여 일승의 법이 뚜렷이 구별되고 이해될 수 있는 것이다.

　아란나(阿蘭那, Araṇya, 아란야, 란야)는 적정한 곳, 시끄럽지 않은 곳, 마을에서 떨어진 곳의 뜻이다. 아란나행은 곧 이러한 곳에서 수행함을 말하며, 아울러 석가모니불의 성문제자들의 수행상을 가리키기도 한다. 그러나 보살승 행자의 아란나행은 수행처의 고요함과 시끄러움에 있는 것이 아니라 어디에서나 바로 이 마음에서 따로 무엇을 수행한다고 함이 없는 행〔無所行〕을 말한다. 그래서 아라한도를 얻었다는 생각도 없다. 바로 성문승의 아라한위에서 보살승에로 나아가는 지침이 제시되고 있다.

　수보리의 행은 바로 무원(無願) 무구(無求)의 행인지라 진실한 아란나행을 좋아하는 자라고 말할 수 있다고 하였다. 소승 사과에 대한 집착을 버리고, 여기에 마음이 향함도 없어야 함을 설하였다.

第十 莊嚴淨土分

　　(정토를 장엄하는 相도 얻을 바 없음을 설함)

　　佛告須菩提,
　　"於意云何. 如來昔在燃燈佛所, 於法有所得不?"
　　"不也. 世尊. 如來在燃燈佛所, 於法實無所得."
　　"須菩提, 於意云何. 菩薩莊嚴佛土不?"
　　"不也. 世尊. 何以故, 莊嚴佛土者 卽非莊嚴, 是名莊嚴."
　　"是故, 須菩提, 諸菩薩摩訶薩 應如是生淸淨心, 不應住色生心, 不應住聲香味觸法生心, 應無所住 而生其心. 須菩提, 譬如有人, 身如須彌山王, 於意云何. 是身爲大不?"
　　須菩提言,
　　"甚大, 世尊. 何以故. 佛說(大身이 생략됨), 非身, 是名大身."

　　부처님께서 수보리에게 말씀하셨다.
　　"어떻게 생각하느냐. 여래가 예전에 연등불의 처소에 있을 때

법을 얻은 바가 있었겠느냐?"

"아닙니다. 세존이시어! 여래께서 연등불의 처소에 계시면서 실은 법을 얻으신 바가 없습니다."

"수보리야, 어떻게 생각하느냐. 보살이 불토(佛土)를 장엄하느냐?"

"아닙니다. 세존이시어! 왜냐하면 불토를 장엄함이란 곧 장엄함이 아니고 그 이름이 장엄입니다."

"이 까닭에 수보리야, 모든 보살마하살은 응당 이와 같이 청정심을 내어야 하나니, 색에 머무르지 아니하는 마음을 내며, 성·향·미·촉·법에 머무르지 아니하는 마음을 내어, 마땅히 (어디에도) 머무르지 아니하는 그 마음을 내야 하느니라. 수보리야, 비유컨대 어떤 사람이 있어 신체가 수미산왕과 같다고 한다면, 어떻게 생각하느냐. 그 신체가 크다고 하겠느냐?"

수보리가 말하였다.

"매우 크나이다. 세존이시어! 왜냐하면 부처님께서 (大身이라고) 설하신 것은 (大)신(身)이 아닌 것인데(身의 체성이 없는 것인데), 이름하여 대신(大身)이라 한 까닭입니다."

【해설】

석가모니불이 예전에 선혜선인(善慧仙人)으로 보살 인행시(因行時)에12) 연등불(燃燈佛)로부터 내세(來世)에 성불(成佛)하여 석

---

12) 成佛을 果라고 할 때 보살행은 그 因이 되는 까닭에 因行이라 한다.

가모니라 칭하여지게 될 것이라는 수기(受記)를 받았었다. 이리하여 보살제팔지(菩薩第八地; 不動地, 不退轉地)에 진입(進入)하게 되었다. 그 때에 무슨 법을 받거나 얻은 바가 있는가. 앞의 일상무상분(一相無相分)에서 설한 바와 같이 이미 일상(一相)이고 무상(無相)의 행(行)에 들었으므로 무엇을 얻는다 함을 떠났다. 일심(一心)에서 어디에 따로 수기(受記 또는 授記; 부처님이 제자에게 미래에 成佛할 것이라는 약속을 줌)가 있고, 보살제팔지에 진입함이 있겠는가.

　보살의 행은 불토(佛土)를 장엄하나 그 장엄함이 어디에 따로 있는 것이 아니어서 얻을 바 없다. 그래서 '장엄함'이란 생각할 수도 없고 얻을 수도 없는 것인데, 이를 말로 한 것은 단지 언설상을 빌려 드러낸 것일 뿐이다. 장엄함이 본래 언설상과 심연상(心緣相)을 떠났다. 이러함은 색(色)・성(聲)・향(香)・미(味)・촉(觸)・법(法)이 모두 마찬가지이다. 그래서 어디에도 마음을 둘 바가 없고 그 상(相)에 향할 바도 없다. 그래서 마땅히 마음을 어디에도 머무르지 아니하는 그 마음이 되어야 한다. 단지 여기에서 주의할 사항은, 머무르지 아니하는 그 마음을 내야 한다〔而生其心〕고 한 말씀에서 자칫 억지로 그러한 마음을 내려고 한다면 이는 이미 일상(一相)・무상(無相)의 행에 어긋나게 된다. 그렇다면 어떻게 해야 올바른 행인가. 본래 마음이 어디에도 머무름이 없음을 여실히 아는 것이다. 자신도 모르게 어느 상(相)에 머물렀다면 그 머문 자리에서 즉시 본래 마음이 그 상에 머무름이 없음을 비추어 아는 것이다. 이렇게 한다면 바로 그 자리가 곧 여래 지견(知見)의 자리가 된다. 앞에서 "제상(諸相)이 그대로 비상(非相)임을 알면 곧 여래를 보는 것이라(若見諸相非相 卽見如來)"고 설함도 바로 이 뜻이다.

이어지는 신(身)의 크기에 대한 비유는, 곧 색・성・향・미・촉・법의 일체상(일체법)이 언설상을 떠났고 심연상(心緣相)을 떠난 것이라 그 언설상과 심연상은 그 법이 될 수 없는 것이니, 언어로 말해진 그 법은 그 법이 아니고 단지 이름이 그러한 것이라는 뜻이다.

본문「佛說, 非身, 是名大身」은 자칫「佛說非身, 是名大身」으로 잘못 해석하기 쉽다. 그러나「佛說」다음에「大身」이 생략되거나 빠뜨려진 것으로 보고 해석해야 앞뒤의 뜻이 통한다. 본 경문의 도처에「如來說世界, 非世界, 是名世界」(제13 如法受持分),「如來說人身長大, 卽爲非大身, 是名大身」(제17 究竟無我分)과 같은 표현이 있고, 이 구절도 마찬가지의 내용이니「大身」이 생략되었거나 빠뜨려진 것이 분명하다.

第十一 無爲福勝分(無爲의 福이 가장 뛰어남)

"須菩提, 如恒河中所有沙數, 如是沙等恒河, 於意云何, 是諸恒河沙, 寧爲多不?"

須菩提言,

"甚多, 世尊. 但諸恒河, 尚多無數, 何況其沙."

"須菩提, 我今實言告汝, 若有善男子善女人, 以七寶滿爾 恒河沙數三千大千世界, 以用布施, 得福多不?"

須菩提言,

"甚多. 世尊."

佛告須菩提,

"善男子善女人, 於此經中, 乃至受持四句偈等, 爲他人說, 而此福德勝前福德."

"수보리야, 항하(갠지스강) 가운데 있는 모래알 수와 같은 항하 가 있다면 어떻게 생각하느냐, 그 모든 항하의 모래알 수가 어찌 많지 않겠느냐?"

수보리가 말하였다.

"매우 많습니다. 세존이시어! 항하만 해도 또한 무수히 많은데 하물며 그 모래야 말할 나위가 있겠습니까."

"수보리야, 내가 이제 진실로 너에게 말하나니, 만약 선남자 선여인이 칠보로 가득한 이 항하사 수의 삼천대천세계로 보시한다면 복을 얻음이 많겠느냐?"

수보리가 말하였다.

"매우 많습니다. 세존이시어!"

부처님께서 수보리에게 말씀하셨다.

"선남자 선여인이 이 경 가운데서 사구게(四句偈) 등이라도 수지하며 타인에게 설한다면, 이 복덕이 앞의 복덕보다 더 뛰어나느니라."

【해설】

본 경문의 일부인 사구게(四句偈)라도 항상 지니고 행하며 타인에게 설하는 공덕이 한량없는 것임을 비유로 강조하였다. 칠보(七寶)와 같은 재물보시는 유루(有漏)의 공덕으로 새어나감〔漏〕이 있는 것이므로 복락을 받으면서 소모하게 되지만, 본 경문의 이법(理法)에 따라 반야바라밀을 행함은 무루(無漏)의 공덕이라 새어나감이 없어 영원하며, 상락아정(常樂我淨)의 본심미묘의 자리에 가까이 가는 행이니 한 걸음만 가도 그 공덕은 한량없다. 왜냐하면, 본심미묘의 공덕은 한량이 없으므로 그 억만분의 1도 한량없기 때문이다.

第十二 尊重正敎分(正敎를 존중하라)

"復次, 須菩提, 隨說是經, 乃至四句偈等, 當知此處, 一切世間天人阿修羅皆應供養, 如佛塔廟, 何況有人盡能受持讀誦. 須菩提, 當知是人, 成就最上第一希有之法. 若是經典所在之處, 則爲有佛, 若尊重弟子."

"또한 수보리야, 수시로 이 경을 설하거나 내지 사구게 등이라도 설한다면, 이곳은 일체 세간·천인·아수라가 모두 응당 부처님의 탑묘에 공양하듯 해야 할 곳임을 마땅히 알아야 알지니, 하물며 어떤 이가 본 경문을 모두 다 능히 수지하고 독송한다면, 수보리야, 이 사람은 최상 제일의 희유한 법을 성취할 것이라고 마땅히 알아야 하느니라. 이 경전이 있는 곳이라면 부처님이 계신 곳으로 여기며, 제자가 (부처님을) 존중하듯 하여야 하느니라."

【해설】
　본 경의 가르침을 정교(正敎)라고 하였다. 반야바라밀이 정교의 근본이다. 그리고 반야바라밀이 되어야 무명(無明)을 온전히 멸진(滅盡)하여 아뇩다라삼먁삼보리에 든다. 그래서 금강반야바라밀이라 한다. 이에 대해서는 앞의 경명(經名) 해설에서 설명하였다. 또한 반야바라밀은 곧 불모(佛母)이다. 그 법이 설해지고 행해지는 곳이 곧 부처님이 계신 곳이다. 그래서 그 자리는 항상 부처님과 함께 하는 자리라고 알아야 한다.

第十三 如法受持分(如法하게 受持함)

爾時, 須菩提白佛言,

"世尊, 當何名此經, 我等云何奉持?"

佛告須菩提,

"是經名爲金剛般若波羅蜜, 以是名字, 汝當奉持. 所以者何. 須菩提, 佛說般若波羅蜜, 卽非般若波羅蜜, 是名般若波羅蜜13) 須菩提, 於意云何. 如來有所說法不?"

須菩提白佛言,

"世尊, 如來無所說."

"須菩提, 於意云何. 三千大千世界所有微塵, 是爲多不?"

須菩提言,

"甚多, 世尊."

"須菩提, 諸微塵如來說, 非微塵, 是名微塵. 如來說世界, 非世界, 是名世界. 須菩提, 於意云何. 可以三十二相, 見如

---

13) 〈대정장〉본에는 「是名般若波羅蜜」이 없으나 한국에서 통행되는 본들에는 들어 있고, 있는 것이 더 정확하다고 생각된다.

來不?"

"不也, 世尊. 不可以三十二相, 得見如來. 何以故. 如來說 三十二相, 卽是非相, 是名三十二相." "須菩提, 若有善男子 善女人, 以恒河沙等身命布施, 若復有人, 於此經中, 乃至受 持四句偈等, 爲他人說, 其福甚多."

이 때 수보리가 부처님께 말하였다.
"세존이시여! 이 경의 이름을 어떻게 해야 하오며, 저희들이 어떻게 받들고 지녀야 하옵니까?"
부처님께서 수보리에게 말씀하셨다.
"이 경의 이름은 '금강반야바라밀'이니 이 이름으로 너희들은 받들고 지녀야 하느니라. 왜 그러한가. 수보리야, 부처님이 설하는 반야바라밀이란 곧 반야바라밀이 아니며, 그 이름이 반야바라밀인 까닭이니라. 수보리야, 어떻게 생각하느냐. 여래가 법을 설한 바가 있느냐?"
수보리가 부처님께 말하였다.
"세존이시어! 여래께서는 설하시는 바가 없나이다."
"수보리야, 어떻게 생각하느냐. 삼천대천세계에 있는 미진이 많다 하겠느냐?"
수보리가 말하였다.
"매우 많나이다. 세존이시어!"
"수보리야, 여래가 설하는 모든 미진은14) 미진이 아니나니(미진의 實性이 없나니) 그 이름이 미진인 것이며, 여래가 설하는 세계는 세계가 아니나니 그 이름이 세계이니라. 수보리야, 어떻게 생각하느냐. 삼십이상으로 여래를 볼 수 있겠느냐?"

"볼 수 없나이다. 세존이시어! 삼십이상으로 여래를 볼 수 없나이다. 여래께서 설하시는 삼십이상이란 비상(非相; 實性이 없어 非實相임)이며 그 이름이 삼십이상이나이다."

"수보리야, 만약 선남자 선여인이 항하사 수의 신명(身命)으로 보시하고, 또 어떤 이가 이 경문 가운데서 사구게 등이라도 타인을 위해 설해준다면 그 복이 매우 많으니라."

【해설】

본 경의 이름인 금강반야바라밀을 잘 받들어 수지하여야 한다하니 자칫하면 금강반야바라밀이라는 법이 어디에 따로 있는 것으로 생각하여 그 상(相)을 내게 된다. 일체법이 체성(體

---

14) 불교에서는 미진(微塵)을 그 크기에 따라 다음과 같이 분류한다. 인허(隣虛)는 妙有의 극치인 非空非有의 경계라 慧眼所對의 극치이고, 인허의 7배인 극미(極微)는 色의 原始이며 究竟으로서 法眼所對의 극치이고, 극미의 7배인 미진(微塵)은 微로 단칭(單稱)하기도 하는데 天眼所對의 극치이고, 미진의 7배인 금진(金塵)은 金中에서 왕래하되 無障無碍한 정도의 것으로 肉眼所對의 극치이다. 그리고 금진(金塵)의 7배를 수진(水塵), 水塵의 7배를 토모진(兎毛塵), 토모진의 7배를 양모진(羊毛塵), 양모진의 7배를 우모진(牛毛塵), 우모진의 7배를 극유진(隙遊塵) 또는 일광진(日光塵)이라 하니 벽 틈이나 창 틈으로 비치는 日光에 의하여 비로소 부유(浮遊)하는 것을 인지할 수 있는 정도의 것으로 극미(極微)의 82만 8543배(7의 7제곱승)이다. 金陀和尙 著, 淸華 篇, 〈金剛心論〉, 성륜각, 2000. 10, pp.69-70 참조.

性)이 없고〔無我〕 무상(無相)인지라 단지 이름뿐이라는 이법(理法)이 곧 반야가 되고 바라밀〔度脫〕이 되는 것이니, 반야바라밀이라는 법 또한 어디에 따로 있는 것이 아니다. 체성도 없고 무상인 것을 어떻게 설하겠는가. 즉 반야바라밀도 불가득(不可得)이고 불가설(不可說)이다. 그래서 부처님은 반야바라밀을 설함도 없다. 단지 반야바라밀이라 말함은 언설일 뿐이어서 무상(無相; 實相)인 반야바라밀이 아니다. 미진과 세계와 삼십이상도 마찬가지이다. 무상인 성품이 곧 여래인데 어떻게 삼십이상으로 여래를 볼 수 있겠는가.

第十四 離相寂滅分(相을 떠나 적멸임)

爾時, 須菩提聞說是經, 深解義趣, 涕淚悲泣, 而白佛言, "希有. 世尊. 佛說如是甚深經典, 我從昔來, 所得慧眼, 未曾得聞如是之經. 世尊, 若復有人, 得聞是經, 信心淸淨, 則生實相, 當知是人, 成就第一希有功德. 世尊, 是實相者則是非相, 是故如來說名實相. 世尊, 我今得聞如是經典, 信解受持, 不足爲難, 若當來世後五百歲, 其有衆生得聞是經, 信解受持, 是人則爲第一希有. 何以故, 此人無我相·人相·衆生相·壽者相. 所以者何. 我相卽是非相, 人相·衆生相·壽者相卽是非相. 何以故, 離一切諸相, 則名諸佛."

이 때 수보리가 이 경을 설하심을 듣고 그 뜻을 깊이 이해하여 눈물을 흘리며 슬피 울면서 부처님께 말하였다.

"희유하나이다. 세존이시어! 부처님께서 이와 같이 깊고 깊은 경전을 설해주시니, 제가 이제까지 얻은 혜안으로는 아직 이러한 경의 가르침을 일찍이 들어보지 못하였나이다. 세존이시어, 만약 또한 어떤 사람이 이 경의 가르침을 듣고 믿는 마음이 청정하여 실상의 지혜가 나온다면 마땅히 이 사람은 제일의 희유한 공덕을 성취한 것으로 알아야 할 것입니다. 세존이시어, 이 실상이란 바로 비상(非相)이니 이 까닭에 여래께서 이름하여 실상이라 말씀하십니다.(이름이 實相임) 세존이시어! 제가 지금 이러한 경전을 듣고 신해(信解)하며 수지(受持 : 받아 지님)하는 것은 어렵지 않사오나 만약 내세의 후 오백 년에 어떤 중생이 이 경을 듣고 신해(信解) 수지하면 이 사람은 제일의 희유한 자일 것입니다. 왜냐하면 아상이 곧 비상(非相)이며, 인상·중생상·수자상이 곧 비상이기 때문입니다. 왜 그러한가 하면, 일체의 모든 상을 떠남을 이름하여 제불(諸佛)이라 하는 까닭입니다."

【해설】

수보리는 이제 반야바라밀의 깊은 뜻을 이해하게 되었다. 실상(實相)이란 어디에 따로 있는 것이 아니라 일체상(一切相, 一切法)이 그대로 무자성(無自性, 無體性)이어서 비상(非相)임이 곧 실상이다. 비상이란 곧 그 상의 체성〔自性〕이 없어 얻을 수 없고, 그림자와 같고, 여환(如幻)한 것이어서 실상이 아니라는 뜻이다. 그래서 비상이 곧 실상이라 함은, 실상이 아니라는 성(性)이 곧 실상이라는 말이다. 또한 실상(實相)이라는 상이 어디에 따로 없어서 비상(非相)이다. 일체법을 떠나 일체법이 무자성(無自性 : 我라 할 실체가 없음)이라는 성이 있는 것이 아니니 일체법을 떠나 실상이 있는 것이 아니다. 일체법이 무자성임을 아는지라 일체의 법에서 상을 떠남, 즉 상에 취착(取着)하거나 향함을 떠남이 곧 여래이다. 즉 제상(諸相)이 그대로 비상(非相)임을 알면 곧 여래를 보는 것이라〔若見諸相非相 卽見如來〕고 함이 이 뜻이다. 실상이 아니라는 성이 곧 실상인데 만약 그 실상에 향하거나 머무름이 있다면 실상이라는 상이 있다는 것이 되어버려 비상이 곧 실상이라는 이(理)에 모순되어 버린다. 일체의 상이 곧 비상이라 일체의 상에 마음을 두거나 머무르거나 향할 수 없고, 또한 그 실상에도 마음을 두거나 머무르거나 향할 수 없으니 바로 심행처멸(心行處滅)이요, 언어도단(言語道斷)이다. '여래(如來)'란 곧 이와 같은 실상(實相)의 이(理)에 여리(如理)하게 임한다는 뜻이다. 또한 심행처멸이요 언어도단이어서 '여(如)'이고, 일체의 상에 머무름 없이 임하니 곧 '래(來)'이다. 마치 거울이 일체의 차별상에 꺼려하거나 취착하거나 물듦이 없이 항상 평등 여여하듯이, 일체의 상에 흔들림 없고〔不動〕, 평등하게 임함이 여래이다. 반야란 곧 거울이 일체의 상을 대함에 지(知)한다 함이 없이 일체를 비추는 것과 같아서 일체상에 대하여 지(知)함이 없는 것, 분별함이 없는 것이다. 그래서 이를 「반야무지(般若無知; 반야란 知함이 없는 것임)」라고 한다.

〈대반야바라밀다경〉 권제595 제십육 般若波羅蜜多分之三에 다음과 같이 설하였다.

또한 선용맹(善勇猛)이여, 색온(色蘊)이 색온의 소행(所行)이 아닌 까닭에 지(知)함이 없고, 견(見)함도 없나니, 색온에서 지(知)함이 없고, 견(見)함이 없다면 이를 반야바라밀다라 한다. 선용맹이여, 수(受)·상(想)·행(行)·식온(識蘊)도 또한 수·상·행·식온의 소행(所行)이 아닌 까닭에 지(知)함이 없고, 견(見)함이 없나니, 수·상·행·식온에 지(知)함이 없고, 견(見)함이 없다면 이를 반야바라밀다라 하느니라.15)

색(色)에 색의 자성이 없는지라 색으로서의 행상(行相)이 있을 수 없다. 그래서 색(色)이 지(知)함도 없고, 견(見)함도 없으며, 또한 색을 지(知)함도 없는 것이고, 견(見)함도 없는 것이다. 이하 일체법이 모두 마찬가지이다. 그래서 일체법〔一切相〕에서 지(知)함도 없고, 견(見)함도 없음이 곧 반야바라밀다이다.
또 〈대반야바라밀다경〉 권제286 초분찬청정품(初分讚清淨品) 第三十五之二에 설한다.

사리자(舍利子)가 말하였다.
"왜 이와 같이 청정한 본성이 지(知)함이 없는 것입니까?"

---

15) 善勇猛, 色蘊非色蘊所行故無知無見. 若於色蘊無知無見, 是謂般若波羅蜜多. 善勇猛, 受想行識蘊亦非受想行識蘊所行故無知無見. 若於受想行識蘊無知無見, 是謂般若波羅蜜多.

부처님께서 말씀하셨다.

"일체법의 본성이 둔(鈍)한 까닭이니라. 이와 같이 청정한 본성은 지(知)함이 없는 것이니라."

사리자가 말하였다.

"색(色)의 성(性)이 지(知)함 없는 것이 곧 청정이겠나이다."

부처님께서 말씀하셨다.

"그와 같이 필경에 청정한 까닭이니라."

사리자가 말하였다.

"왜 색의 성이 지(知)함 없는 것이 곧 청정이나이까?"

부처님께서 말씀하셨다.

"자상(自相)이 공(空)한 까닭에 색의 성품이 지(知)함 없는 것이 곧 청정이니라."

(이하 受想行識과 十二處 등 諸法에 대해 같은 법문이 이어짐)16)

일체법의 본성이 둔(鈍)하다 함은 마치 거울과 같이 상에 물들거나 영향받지 아니하고 흔들림 없는 까닭이다. 즉 지(知)함이(분별함이) 없는 까닭이다. 청정함이란 바로 이와 같이 지(知)

---

16) 舍利子言, "云何如是淸淨本性無知." 佛言, "以一切法本性鈍故. 如是淸淨本性無知." 舍利子言,
   "色性無知卽是淸淨" 佛言, "如是畢竟淨故." 舍利子言, "云何色性無知卽是淸淨." 佛言, "自相空故, 色性無知卽是淸淨."

함이 없는 것을 말한다. 색(色)을 비롯한 일체법의 본성이 본래 무엇을 지(知)한다 함이 없다. 왜냐하면 색(色)의 자상(自相, 自性)이 공(空)한 까닭이다. 앞에서 색(色)이 색의 소행(所行)이 아니다고 한 것도 같은 뜻이다. 색의 자상이 공한데 어찌 따로 능(能, 知하는 자)과 소(所, 知하는 대상)가 있겠는가. 지(知)함에는 마땅히 능과 소가 있는 것이나 일체법의 본성에는 능과 소가 따로 없는 것이다.

그래서 〈마하반야바라밀다경〉 권제347 초분촉루품(初分囑累品) 第五十八之二에 설한다.

> 일체법은 행하는 자도 없고, 견(見)하는 자도 없으며, 지(知)하는 자도 없고, 동(動)함도 없으며, 작(作)함도 없다. 왜 그러한가. 일체법은 모두 작용함이 없나니, 능취(能取: 취하는 자)와 소취(所取: 취하는 대상)의 성(性)을 멀리 떠났기 때문이니라. 일체법은 사의(思議)할 수 없는 것이나니, 능(能)·소(所)의 사의성(思議性)을 멀리 떠난 까닭이다. 일체법이 환(幻)과 같은 것이나니, 모든 연(緣)이 화합하여 마치 있는 것과 같게 된 까닭이니라.[17]

---

17) 一切法無行者無見者無知者無動無作. 所以者何. 以一切法皆無作用, 能取所取性遠離故. 以一切法不可思議, 能所思議性遠離故. 以一切法如幻事等, 衆緣和合相似有故.

佛告須菩提,

"如是如是. 若復有人得聞是經, 不驚不怖不畏, 當知是人, 甚爲希有. 何以故, 須菩提, 如來說第一波羅蜜, 即非第一波羅蜜, 是名第一波羅蜜. 須菩提, 忍辱波羅蜜如來說, 非忍辱波羅蜜, 是名忍辱波羅蜜. 何以故, 須菩提, 如我昔爲歌利王割截身體, 我於爾時, 無我相・無人相・無衆生相・無壽者相. 何以故. 我於往昔節節支解時, 若有我相・人相・衆生相・壽者相, 應生嗔恨. 須菩提, 又念, 過去於五百世, 作忍辱仙人, 於爾所世, 無我相・無人相・無衆生相・無壽者相, 是故, 須菩提, 菩薩應離一切相, 發阿耨多羅三藐三菩提心, 不應住色生心, 不應住聲香味觸法生心, 應生無所住心, 若心有住, 則爲非住. 是故, 佛說, 菩薩心不應住色布施. 須菩提, 菩薩爲利益一切衆生, 應如是布施. 如來說, 一切諸相即是非相, 又說, 一切衆生即非衆生. 須菩提, 如來是眞如者・實語者・如語者・不誑語者・不異語者. 須菩提, 如來所得法, 此法無實無虛. 須菩提, 若菩薩心住於法, 而行布施, 如人入闇, 則無所見. 若菩薩心不住法, 而行布施, 如人有目, 日光明照, 見種種色. 須菩提, 當來之世, 若有善男子善女人, 能於此經, 受持讀誦, 則爲如來以佛智慧, 悉知是人, 悉見是人皆得成就無量無邊功德."

부처님께서 수보리에게 말씀하셨다.

"그러하고 그러하느니라. 만약 또한 어떤 이가 이 경의 가르침을 듣고 놀라지 아니하고, 무서워하지 아니하며, 두려워하지 아니하면, 이 사람은 매우 희유한 사람임을 마땅히 알아야 하느니라. 왜 그러한가 하면 수보리야, 여래가 설하는 제일바라밀은 곧 제일바라밀이 아니고, 그 이름이 제일바라밀이니라. 수보리야, 여래가 설하는 인욕바라밀이란 인욕바라밀이 아니나니 그 이름이 인욕바라밀이니라. 왜 그러한가. 수보리야, 내가 예전에 가리왕(歌利王)에게 신체가 베어졌는데 나는 이 때 아상이 없었고, 인상이 없었으며, 중생상이 없었고, 수자상이 없었느니라. 왜냐하면 내가 예전에 몸이 절절이 떨어져 나갔을 때 만약 아상·인상·중생상·수자상이 있었다면 응당 성냄과 원한의 마음이 일어났을 것이기 때문이니라.

수보리야, 또 생각건대 과거 오백 세에 인욕선인으로 그 세상에 있을 때 아상이 없었고, 인상이 없었으며, 중생상이 없었고, 수자상이 없었느니라. 이 까닭에 수보리야, 보살은 마땅히 일체의 상을 떠나 아뇩다라삼먁삼보리심을 발(發)해야 하며, 색(色)에 머물러 마음을 내어서는 안 되고, 성·향·미·촉·법에 머물러 마음을 내어서는 안 되나니, 마땅히 아무 데도 머무르지 아니하는 마음을 내어야 하느니라. 만약 마음에 머무름이 있다 하면 곧 머무름이 아니니라. 이 까닭에 불(佛)은 설하길, 보살은 마땅히 색(色)에 머무름 없이 보시하여야 한다고 하는 것이니라. 수보리야, 보살은 마땅히 일체 중생을 이롭게 하기 위해서 그렇게 보시하여야 하느니라. 여래는 일체의 모든 상이 곧 비상(非相)이라 설하고, 또한 일체 중생이 곧 중생이 아니라고 설하느니라. 수보리야, 여래는 진리를 말하고, 진실을 말하며, 여실하게 말하나니 거짓된 말을 하지 아니하고, 말을 바꾸지 아니하느니라.

 수보리야, 여래가 얻은 법, 이 법은 실(實)도 아니고 허(虛)도 아니니라. 수보리야, 만약 보살이 법에 머물러 보시한다면 마치 사람이 어두운 곳에 들어가면 아무 것도 보이지 않는 것과 같느니라. 만약 보살이 법에 머무르지 아니하고 보시한다면, 마치 사람이 눈이 있고 일광(日光)이 밝게 비추니 갖가지 사물을 보는 것과 같느니라. 수보리야, 미래의 세(世)에 선남자 선여인이 능히 이 경을 수지 독송한다면 여래가 불지혜(佛智慧)로 이 사람들이 한량없고 가없는 공덕을 성취함을 모두 알고, 모두 볼 것이니라."

【해설】

 반야무지(般若無知)의 금강반야바라밀다의 가르침에 놀라거나 두려워하지 아니하고, 신수봉행함은 매우 희유한 일이다. 왜냐하면 제일 최상의 바라밀인 반야바라밀의 자상(自相)이 공(空)이어서〔無相〕그것을 얻거나 잡거나 향하거나 어떻게 할 바가 없는 것인데도 바로 신해(信解)하는 까닭이다. 반야바라밀다라고 하는 법이 앞에 버젓이 있는 것이라면 이를 신해하는 것이 희유할 것 없지만, 무상(無相)인 그 법을 신해하는 까닭에 희유한 일이다. 무상인데 이를 제일반야바라밀이라 한 것은 단지 이름일 뿐이며, 따라서 이름인 제일반야바라밀은 무상인 제일반야바라밀이 아니고 그 이름이 제일반야바라밀이라 한 것이다. 인욕바라밀도 마찬가지여서 석가여래가 보살 인행시(因行時)에 가리왕에 의해 몸이 절절이 떨어져 나갔을 때 아상·인상·중생상·수자상 등 일체의 상이 조금도 없었으니 곧 인욕바라밀의 상도 없었음이며, 무상이니 이름을 떠난 것인데 이름으로 인욕바라밀이라 함은 무상인 인욕바라밀이 아니라 그 이름일 뿐이다. 인욕바라밀이 무상이라 볼 수도 없고, 얻을 수도 없으며, 지(知)한다 함도 없다. 그래서 〈대반야바라밀다경〉 권제306 초분불모품(初分佛母品) 第四十一之二에

　　선현(善現; 수보리)이여! 깊고 깊은 반야바라밀다(般若波羅蜜多)는 비록 능히 제불(諸佛)을 생하고, 능히 세간상(世間相)을 보이나 생한 바 없고 또한 나타낸 바 없느니라. 선현(善現)이여! 깊고 깊은 반야바라밀다는 색(色)을 견(見)함이 없는 까닭에 이름으로 색의 상(相)을 보이며, 수(受)·상(想)·행(行)·식(識)을 견(見)함이 없는 까닭에 이름으로 수·상·행·식의 상을 보이느니라.[18]

---

18) 善現, 甚深般若波羅蜜多 雖能生諸佛能示世間相, 而無所生亦無所示. 善現, 甚深般若波羅蜜多不見色故, 名示色相. 不見受想行識故, 名示受想行識相.

라 하였다.

　아뇩다라삼먁삼보리〔無上正等覺〕를 성취하겠다는 마음을 발하여야 보살이다. 그런데 아뇩다라삼먁삼보리는 바로 무상(無相)인데 만약 어떠한 상(相)으로 구하거나, 상을 지니고 구한다면 인행(因行)과 과위(果位)가 각각 유상(有相)과 무상(無相)으로 다른 것이 되어 성취될 수 없다. 즉 유상의 인행으로 무상의 과위를 얻을 수 없는 것이다. 그래서 유상이 본래 무상임을 바로 알아야 금강반야바라밀다(第一반야바라밀다)가 되는 것이고, 아직 그러함을 알지 못하였다면 제일반야바라밀다가 되지 못한다. 그래서 보리심을 발하였다면 바로 일체상이 무상인지라 어디에도 마음을 머무를 수 없고, 둘 수 없다.

　또한 "만약 마음에 머무름이 있다면 이미 머무름도 아니다."라고 하였다. 머무른다는 자상(自相)이 공하여(無相) 얻을 수 없는 것이니 무엇을 머무름이라 할 것인가. 머무름을 대상으로 하여 이를 벗어나고자 하거나 제거하고자 함은 머무른다는 상에 걸리어 또 하나의 머무름이 되는 까닭이다. 그래서 머무름이 본래 머무름이 아니다. 앞에서 색이 색의 소행(所行)이 아니다고 한 바와 같이, 머무름이 머무름의 소행이 아니다. 이렇게 알아야 일체의 법상(法相)에 걸림이 없고, 머무름이 없게 된다. 이렇게 되어야 인행과 과위가 이(理)에서 평등하게 되어, 사(事)에서 계합(契合)하게 된다. 그리고 시각(始覺)에서는 이(理)에서 평등하게 됨에도 돈(頓; 단박에 됨)과 점(漸)이 있고, 사(事)에서 계합함에도 돈과 점이 있다. 그러나 여래의 본각(本覺)에서는 이(理)와 사(事)가 둘이 아니며, 또한 돈과 점을 따로 얻을 바 없다. 본래 언제 오염된 바가 없어, 번뇌와 열반이 따로 없는 까닭이다.

또 본 경문에 "여래가 얻은 법, 이 법은 실(實)도 아니고 허(虛)도 아니다."고 하였다. 왜 실(實)도 아니라 한 것인가. 여래가 얻은 법이란 얻을 수 없다는 이법(理法)을 요지(了知)한 것이니 그 법의 체가 어디에 따로 있는 것이 아니다. 실이 있다면 얻음이 있어야 할 것이고, 허(虛)한 것이라면 여래가 될 수 없어야 할 것이다. 그러나 얻을 수 없어 실도 아니고, 여래와 성불이 없지 않으니 허한 것 또한 아니다. 일체법 또한 이와 같아 실도 아니고 허도 아닌지라 어떠한 상(相, 想)에도 머무를 수 없다. 일체의 상을 크게 나누면 실이 있다 함[有]과 실이 없어 공허하다고 함[無]이 되거니와, 이 두 상을 떠나면 어디에도 머무름이 없다. 그래서 보시를 행함에도 마땅히 어떠한 상에도 머무름이 없이 해야 한다.

第十五 持經功德分(경을 지니는 공덕)

"須菩提, 若有善男子善女人, 初日分以恒河沙等身布施, 中日分復以恒河沙等身布施, 後日分亦以恒河沙等身布施, 如是無量百千萬億劫, 以身布施, 若復有人聞此經典, 信心不逆, 其福勝彼, 何況書寫受持讀誦, 爲人解說. 須菩提, 以要言之, 是經有不可思議 不可稱量無邊功德, 如來爲發大乘者說, 爲發最上乘者說. 若有人能受持讀誦, 廣爲人說, 如來悉知是人, 悉見是人皆得成就不可量・不可稱・無有邊・不可思議功德, 如是人等, 則爲荷擔如來阿耨多羅三藐三菩提. 何以故, 須菩提, 若樂小法者, 着我見人見衆生見壽者見, 則於此經, 不能聽受讀誦, 爲人解說. 須菩提, 在在處處, 若有此經, 一切世間天人阿修羅所應供養. 當知此處, 則爲是塔, 皆應恭敬作禮圍繞, 以諸華香, 而散其處."

"수보리야, 어떠한 선남자 선여인이 아침나절에 항하사 수의 몸으로 보시하고, 낮에 또한 항하사 수의 몸으로 보시하며, 오후에 또한 항하사 수의 몸으로 보시하여 이와 같이 무량 백천만억겁 동안 몸으로 보시한다 하더라도, 어떤 이가 이 경전을 듣고 신심을 내어 거스르지 아니한다면 그 복이 저것(앞의 예)보다 더 뛰어난 것인데, 하물며 서사(書寫)하고, 수지 독송하며, 남에게 해설해준다면 (그 공덕이) 말할 나위가 있겠느냐. 수보리야, 요컨대 이 경은 불가사의하며 헤아릴 수 없고 가없는 공덕이 있나니, 여래가 대승에 발심한 이들을 위해 설한 것이며, 최상승의 발심을 한 자에게 설한 것이니라. 만약 어떤 이가 능히 수지 독송하며 널리 사람들에게 설한다면, 여래는 이 사람이 헤아릴 수 없고, 말로 다 할 수 없으며, 가없고, 불가사의한 공덕을 성취함을 모두 알고 모두 볼 것이나니, 이와 같은 이들이라면 여래의 아뇩다라삼먁삼보리를 감당할 수 있을 것이니라. 왜냐하면 수보리야, 소법(小法)을 좋아하는 자라면 아견(我見)·인견(人見)·중생견(衆生見)·수자견(壽者見)에 집착할 것이니 이 경을 듣고 수지 독송하거나 남에게 해설할 수 없을 것이기 때문이니라. 수보리야, 어느 곳에서나 이 경이 있는 곳이라면 일체 모든 세간·천인·아수라가 응당 공양할 것이니라. 마땅히 알라, 이곳은 바로 탑이 되나니 모두 마땅히 공경하며 예를 올리고 주위를 돌면서 여러 훌륭한 향으로 그곳에 뿌려야 할지니라."

【해설】
　본 경을 수지 독송하는 공덕이 한량없고 가없음을 크게 강조하였다. 본 경뿐 아니라 대승경전들은 거의 모두 대승의 가르침을 따르는 길이 얼마나 큰 공덕인가를 누누이 간절하게 강조하고 또 강조한다. 아뇩다라삼먁삼보리에 대한 믿음 없이는 이 길을 갈 수 없고, 이룰 수 없는 것인데, 대승의 돈법(頓法)인 심즉시불(心卽是佛)의 마음 수행은 소승의 점법(漸法)과는 달리 수행의 진전에 따른 갖가지 경계가 거의 나오지 아니하기 때문에 이 대법(大法)에 대한 믿음이 약하거나 퇴보되기 쉽다. 믿어야 발심이 되고, 발심이 되어야 믿음이 된다. 발심이 되어 마음이 열려야 한량없는 대승의 크나큰 법을 맞이하고 받아들일 수 있게 된다. 대승의 법은 그래서 믿음이 근본이다. 〈대승기신론(大乘起信論)〉은 경명(經名)에서 이미 그 뜻을 강조하고 있다. 아뇩다라삼먁삼보리는 불가사의하여 보통의 사람은 그에 대한 신심을 갖기 어렵다. 아뇩다라삼먁삼보리에 발심하였다면 그는 대단히 희유한 사람이고, 최상승의 이근(利根)이다. 이(利)란 날카롭다는 뜻이다. 대승의 이법(理法)과 행법은 대단히 미세한 차이로 정(正)과 사이비(似而非)로 갈리는지라 날카로운 분별력과 지혜가 없이는 엉뚱한 길에 들어서게 된다. 그리고 이러한 최상승의 이근(利根)인 자라야 아뇩다라삼먁삼보리를 감당할 수 있다.

"소법(小法)을 좋아하는 자들"이란 천상의 락(樂) 정도를 구하는 외도의 법이나, 아라한의 열반락 정도를 구하는 성문승 등을 가리킨다. 이들은 사상(四相)에 메어 있다. 그래서 무상(無

相) 무원(無願, 無作)의 위(位)에는 믿음을 쉽게 내지 못한다.
 이 경이 있는 곳은 곧 대승의 이체(理體), 불모(佛母)인 반야의 보장(寶藏), 여래의 혜명(慧命)이 있는 곳이다. 경이 있는 곳에 대해 여래의 진신사리를 모신 탑을 돌며 예경하는 것과 같이 해야 한다.

第十六 能淨業障分 (업장을 정화함)

"復次, 須菩提, 善男子善女人受持讀誦此經, 若爲人輕賤, 是人先世罪業, 應墮惡道, 以今世人輕賤故, 先世罪業, 則爲消滅, 當得阿耨多羅三藐三菩提. 須菩提, 我念, 過去無量阿僧祇劫, 於燃燈佛前, 得値八百四千萬億那由他諸佛, 悉皆供養承事, 無空過者. 若復有人, 於後末世, 能受持讀誦此經, 所得功德, 於我所供養諸佛功德, 百分不及一, 千萬億分, 乃至算數譬喩, 所不能及. 須菩提, 若善男子善女人, 於後末世, 有受持讀誦此經, 所得功德, 我若具說者, 或有人聞, 心則狂亂, 狐疑不信. 須菩提, 當知是經義不可思議, 果報亦不可思議."

"또한 수보리야, 선남자 선여인이 이 경을 수지 독송하며, 남으로부터 멸시 당한다면, 이 사람이 선세의 죄업으로 응당 악도에 떨어질 것이었는데 금세에 남으로부터 멸시를 당한 까닭에 선세의 죄업이 소멸되고, 아뇩다라삼먁삼보리를 얻게 될 것이니라. 수보리야, 내가 생각건대 한량없는 과거 아승지겁에 연등불 처소에서 팔백사천만억 나유타의 제불을 뵙고 모든 부처님께 공양하며 받들고 따르면서 헛되이 보내지 않았느니라. 만약 어떤 이가 후 말세에 이 경을 능히 수지 독송한다면, 얻게 되는 공덕은 내가 제불을 공양한 공덕이 백분의 1에도 미치지 못하고, 천만억분의 1에도 미치지 못하며, 내지 산수(算數)의 비유로는 미칠 수 없느니라. 수보리야, 선남자 선여인이 후 말세에 이 경을 수지 독송하여 얻는 공덕에 대해 내가 자세히 설한다면 혹 어떤 사람은 듣고는 광란하게 되고, 의심하여 믿지 않을 것이니라. 수보리야, 이 경의 의(義)는 불가사의하며, (수지 독송하는) 과보 또한 불가사의함을 마땅히 알아야 하느니라."

【해설】

　본 경을 수지 독송하는 공덕을 재차 강조하였다. 그 공덕으로 악도에 떨어지는 대신 남한테 모욕당하는 것으로 그 죄업이 소멸되고, 더 나아가 지혜를 얻게 되어 아뇩다라삼먁삼보리를 성취하게 된다. 아승지겁(阿僧祇劫)이란, 소승교에서 1아승지는 10배수가 60번 거듭 이어진 수(10의 60승), 대승에서는 10배수가 120번 거듭 이어진 수(10의 120승)의 세월을 말한다. 제3아승지 초에 연등불을 만나게 된 까닭에 "한량없는 과거 아승지겁"이라 하였다. 나유타는 천만이다. 연등불 처소에서 뵙게 된 제불(諸佛)이 항하사의 수가 아니고 팔백사천만억 나유타라 한 것은 앞의 제1아승지와 제2아승지에서 만난 제불은 말하지 아니하고, 이 때(제3아승지 초) 보살제1지에서 제2지, 제3지로 나아가면서 뵙게 된 제불만을 들어 말한 것이라고 한다. 팔백사천만억 나유타의 부처님을 공양하고 받든 공덕보다 본 경을 수지 독송한 공덕이 비할 바 없이 크다고 하였다. 왜 그런가 하면, 부처님을 공양하고 받드는 행은 복문(福門)으로 보리를 돕는 행이지만, 본 경을 듣고 수지 독송함은 능히 혜해(慧解)를 내어 무명(無明)을 파할 수 있게 하는 까닭이다. 그 어떤 공덕도 무명을 파하는 그 실행(實行)에는 미칠 수 없다.

第十七 究竟無我分(구경에 無我임)

爾時, 須菩提白佛言,

"世尊, 善男子善女人發阿耨多羅三藐三菩提心, 云何應住, 云何降伏其心?"

佛告須菩提,

"若善男子善女人發阿耨多羅三藐三菩提心者, 當生如是心, '我應滅度一切衆生, 滅度一切衆生已, 而無有一衆生 實滅度者.' 何以故. 須菩提, 若菩薩有我相・人相・衆生相・壽者相, 則非菩薩. 所以者何, 須菩提, 實無有法, 發阿耨多羅三藐三菩提者. 須菩提, 於意云何? 如來於燃燈佛所, 有法, 得阿耨多羅三藐三菩提不?"

"不也. 世尊. 如我解佛所說義, 佛於燃燈佛所, 無有法, 得阿耨多羅三藐三菩提."

佛言,

"如是如是. 須菩提, 實無有法, 如來得阿耨多羅三藐三菩提. 須菩提, 若有法, 如來得阿耨多羅三藐三菩提者, 燃燈佛則不與我授記, '汝於來世當得作佛, 號釋迦牟尼.'. 以實無有法, 得阿耨多羅三藐三菩提, 是故, 燃燈佛與我受記作是言 '汝於來世, 當爲作佛, 號釋迦牟尼.'. 何以故. 如來者卽諸法如義. 若有人言如來得阿耨多羅三藐三菩提, 實無有法, 佛得阿耨多羅三藐三菩提. 如來所得阿耨多羅三藐三菩提, 於是中無實無虛. 是故, 如來說一切法皆是佛法. 須菩提, 所言一切法者, 卽非一切法, 是故, 名一切法. 須菩提, 譬如人身長大."

須菩提言,

"世尊, 如來說人身長大, 卽爲非大身, 是名大身."

"須菩提, 菩薩亦如是, 若作是言, '我當滅度無量衆生', 則不名菩薩. 何以故. 須菩提, 實無有法, 名爲菩薩. 是故, 佛說一切法無我·無人·無衆生·無壽者. 須菩提, 若菩薩作是言, '我當莊嚴佛土', 是不名菩薩. 何以故. 如來說莊嚴佛土者, 卽非莊嚴, 是名莊嚴. 須菩提, 若菩薩通達無我法者, 如來說名眞是菩薩."

이 때 수보리가 부처님께 말하였다.

"세존이시어! 선남자 선여인이 아녹다라삼막삼보리를 얻고자 발심하고는 어떻게 마음을 머물러야 하며, 어떻게 그 마음을 항복시키나이까?"

부처님이 수보리에게 말하였다.

"만약 선남자 선여인이 아뇩다라삼먁삼보리심을 내었다면 마땅히 이와 같은 마음을 내어야 한다. '내가 응당 일체 중생을 해탈하게 하리라.' 하고, 일체 중생을 멸도(해탈)하게 하고는 '실은 멸도(해탈)한 자가 하나도 없다.'라고. 왜 그러한가. 수보리야, 만약 보살이 아상·인상·중생상·수자상이 있다면 보살이 아니다. 왜냐하면 수보리야, 실은 아뇩다라삼먁삼보리심을 발한다는 법이 있지 않기 때문이니라. 수보리야, 어떻게 생각하느냐? 여래가 연등불 처소에서 (아뇩다라삼먁삼보리라는) 법이 있어서 아뇩다라삼먁삼보리라는 법을 얻음이 있었느냐?"

"아닙니다. 세존이시여! 제가 부처님께서 설하신 뜻을 이해한 바로는 부처님께서 연등불 처소에서 (아뇩다라삼먁삼보리라는) 법이 있어서 아뇩다라삼먁삼보리를 얻은 것이 아니옵니다."

부처님께서 말씀하셨다.

"그렇고 그러하니라. 실은 여래가 아뇩다라삼먁삼보리를 얻은 바 없느니라. 만약 여래가 아뇩다라삼먁삼보리라는 법이 있어서 이를 얻었다면 연등불께서 나에게 '네가 내세에 불(佛)이 되어 석가모니라 칭하게 되리라'고 수기하지 않았을 것이니라. 실은 (아뇩다라삼먁삼보리라는) 법이 있어서 아뇩다라삼먁삼보리를 얻는 것이 아니나니, 이 까닭에 연등불께서 나에게 수기(受記)하여 이르시길, '네가 내세(來世)에 마땅히 불(佛)이 되어 석가모니라 칭하게 되리라.'고 한 것이니라. 왜냐하면 여래란 제법의 여(如)한 의(義)에 즉

(卽)함인 까닭이니라. 만약 어떤 사람이 여래가 아뇩다라삼먁삼보리를 얻었다고 말한다면, 불이 아뇩다라삼먁삼보리라는 법을 실은 얻은 바 없나니, 수보리야, 여래가 얻은 아뇩다라삼먁삼보리는 이 가운데 실(實)도 없고 허(虛)도 없나니라. 이 까닭에 여래는 일체법이 모두 불법이라고 말하는 것이니라. 수보리야, 일체법이라 말하는 것은 곧 일체법이 아니나니 이 까닭에 일체법이라 이름하는 것이니라. 수보리야, 비유컨대 인신(人身)이 장대하다고 말하는 것과 같다."

수보리가 말하였다.

"세존이시어! 여래께서 설하시는 '인신이 장대하다'는 곧 대신(大身)이 아니며, 그 이름이 '대신'입니다."

"수보리야, 보살도 또한 이와 같아서 만약 '내가 마땅히 한량없는 중생을 해탈케 하리라'고 한다면 보살이라 할 수 없다. 왜냐하면 수보리야, 실은 보살이라 이름하는 법이 없기 때문이니라. 이 까닭에 불은 일체법에 아상·인상·중생상·수자상이 없다고 설한다. 수보리야, 만약 보살이 말하기를, '내가 마땅히 불토를 장엄하리라.'고 한다면 보살이라 할 수 없느니라. 왜냐하면 여래가 불토(佛土)를 장엄한다고 설함은 곧 장엄이 아니어서(장엄의 實性이 있는 것이 아니나니) 그 이름이 '장엄'이니라. 수보리야, 만약 보살이 무아(無我)의 법을 통달하였다면 여래는 이를 진보살이라고 이름하느니라."

【해설】

 아뇩다라삼먁삼보리〔無上正等覺, 妙覺, 究竟覺〕를 이루겠다는 마음이 아뇩다라삼먁삼보리심이다. 이 보리심을 발(發)하여야 아뇩다라삼먁삼보리라는 과(果)를 증득하게 되는 인(因)이 심어진다. 그래서 보살은 마땅히 이 보리심을 발하여야 한다. 또한 보살의 보리심은 자신만의 보리를 성취하고자 함이 아니고 일체 중생과 함께 닦고 함께 성불하겠다는 발심이다. 그런데 보살이 이타행(利他行)으로 중생을 해탈하게 하였다 하더라도 해탈한 중생이 있다는 생각을 내어서는 안 된다. 왜냐하면 무엇이 있다는 생각을 내었다면 이미 아상·인상·중생상·수자상이 있는 것이 되기 때문이다. 무엇을 있는 것으로 보는 것은 이미 따로 없는 대상〔相〕에 향함이 되고 취함이 되는 것이고, 마음이 움직이고 물든 것이 된다. 마음은 본래 향함도 없고, 취함도 없고, 움직임도 없다. 그런데 향하고 취하고 움직임은 망령이고 꿈이다. 망령과 꿈에서 아뇩다라삼먁삼보리가 이루어지겠는가. 이어지는 법문도 이러한 뜻이 반복되어 강조되고 있다. 아뇩다라삼먁삼보리심을 발하여야 한다고 해서 그 법이 어디에 따로 있다고 생각하면 또 어긋난다. 일체법이란 모두 다 생각할 수 없는 것이다〔不可思議〕. 아뇩다라삼먁삼보리라는 법이든 어떠한 법이든 일체의 법에 대해 있다는 생각을 갖을 수 없다는 뜻이다. 생각을 갖으면 어긋난다. 거울은 일체의 상을 갖지 아니하되 다 비춘다. 마음이 본래 그러하다. 그래서 마음이 곧 무심(無心)이고, 무심이니 다 드러난다. 석가모니불이 연등불의 처소에서 수기를 받았다 함도, 아뇩다라삼먁삼보리를 성취하였다 함도 마찬가지로 어디에 따로 있는 법이 아니다. 그래서 생각할 수 없다. 생각할 수 없으니 얻음도 아니고 이름도 아니다. 그래서 실(實)이라 할 수 없지만 또한 허(虛)한 것도 아니다. 아뇩다라삼먁삼보리를 증득함에 의한 일체의 공덕상이 없지 아니하기 때문이다. 거울이 비추어진 상을 얻었다 함이 없지만 일체의 상을 비춤이 없지 아니하듯이.

"여래란 제법(諸法)의 여(如)한 의(義)에 즉(卽)함"이라 하였다. '여(如)한 의(義)'란 곧 평등한 의(義)이니 능(能)과 소(所)가 평등하여 무엇을 대상으로 취할 수 없음을 뜻하고, 또한 '여(如)한 의(義)'라 함은 제법이 유(有)도 아니고 무(無)도 아닌지라 생각할 수 없다〔不可思議〕는 뜻이다. '즉(卽)함'이란 이(理)와 사(事)가 불이(不二)하여 자심(自心; 事)에서 앞에 말한 '여(如)한 의(義)'가 만족됨이다. 즉 '여(如)한 의(義)'를 어디 다른 곳에서 구하거나 생각하는 것이 아니라 바로 즉심(卽心)에서 구현하는 것이다. 그 자리가 바로 여래(如來)이니 이를 즉심즉불 즉심시불(卽心卽佛・卽心是佛)이라 한다.

'인신(人身)이 장대(長大)하다'라 하거나, '아뇩다라삼먁삼보리'라 하거나, '중생을 해탈케 한다', '불토(佛土)를 장엄한다'는 것 모두 단지 이름일 뿐이다고 한 것은 이 법들이 유(有)가 아닌 까닭이다. 유(有)라 하면 이미 대상이 되어 생각이 있게 된 것이니 이미 크게 어긋난 것이다. 아뇩다라삼먁삼보리는 지상의 목표인지라 불자들은 자칫하면 이 때문에 또 하나의 유병(有病)에 빠지고 또 하나의 생각을 갖게 된다. 때문에 이러한 잘못을 범하지 아니하게 하기 위해 아뇩다라삼먁삼보리를 있다고 생각함은 인신이 장대하다는 것을 있다고 생각하는 것과 똑 같이 잘못임을 강조한 것이다. 생각을 갖으면 이미 유견(有見)에 빠진 것이고 즉심(卽心)이 아닌 것임을 분명히 알아야 한다.

 이 장의 가르침은 곧 유무중도(有無中道)의 자리를 말함이니, 유무중도의 자리가 곧 아뇩다라삼먁삼보리이다.

第十八 一切同觀分(일체를 同觀함)

"須菩提, 於意云何? 如來有肉眼不?"

"如是, 世尊. 如來有肉眼."

"須菩提, 於意云何? 如來有天眼不?"

"如是, 世尊. 如來有天眼."

"須菩提, 於意云何? 如來有慧眼不?"

"如是, 世尊. 如來有慧眼."

"須菩提, 於意云何? 如來有法眼不?"

"如是, 世尊. 如來有法眼."

"須菩提, 於意云何? 如來有佛眼不?"

"如是, 世尊. 如來有佛眼."

"須菩提, 於意云何? 如恒河中所有沙, 佛說是沙不?"

"如是, 世尊. 如來說是沙."

"須菩提, 於意云何? 如一恒河中所有沙, 有如是沙等恒河, 是諸恒河所有沙數佛·世界, 如是, 寧爲多不?"

"甚多, 世尊."

佛告須菩提,

"爾所國土中所有衆生, 若干種心, 如來悉知. 何以故, 如來說諸心, 皆爲非心, 是名爲心. 所以者何. 須菩提, 過去心不可得, 現在心不可得, 未來心不可得."

"수보리야, 어떻게 생각하느냐? 여래에게 육안(肉眼)이 있느냐?"

"그러하나이다. 세존이시어! 여래께는 육안이 있나이다."

"수보리야, 어떻게 생각하느냐? 여래에게 천안(天眼)이 있느냐?"

"그러하나이다. 세존이시어! 여래께는 천안이 있나이다."

"수보리야, 어떻게 생각하느냐? 여래에게 혜안(慧眼)이 있느냐?"

"그러하나이다. 세존이시어! 여래께는 혜안이 있나이다."

"수보리야, 어떻게 생각하느냐? 여래에게 법안(法眼)이 있느냐?"

"그러하나이다. 세존이시어! 여래께는 법안이 있나이다."

"수보리야, 어떻게 생각하느냐? 여래에게 불안(佛眼)이 있느냐?"

"그러하나이다. 세존이시어! 여래께는 불안이 있나이다."

"수보리야, 어떻게 생각하느냐? 저 항하(갠지스강)에 있는 모래를 불(佛)이 모래라고 말하느냐?"

"그러하나이다. 세존이시어! 여래께서는 모래라고 말하나이다."

"수보리야, 어떻게 생각하느냐? 만약 하나의 항하에 있는 모래와 같이, 이러한 모래 수만큼의 항하가 있고, 그 모든 항하에 있는 모래 수만큼의 불(佛)과 세계가 있는 것이 그와 같다면 어찌 많다고 하지 않겠느냐?"

"매우 많습니다. 세존이시어!"

부처님께서 수보리에게 말씀하셨다.

"이 국토 중에 있는 중생의 갖가지 마음을 여래는 모두 아느니라. 왜냐하면 여래가 말하는 갖가지 마음이란 모두 마음이 아니고 그 이름이 마음이기 때문이니라. 왜 그러한가. 수보리야, 과거심을 얻을 수 없고, 현재심을 얻을 수 없으며, 미래심을 얻을 수 없기 때문이니라."

【해설】

오안(五眼) 가운데 육안(肉眼)은 범부의 안(眼)이고, 천안(天眼)은 색계 천인(天人)의 안이며, 인간이 선정을 닦아 갖기도 한다. 혜안(慧眼)은 이승(二乘)의 인(人)이 진공 무상(眞空 無相)의 이(理)를 비추어보는 지혜의 안이고, 법안(法眼)은 보살이 중생을 제도하기 위해 일체법문을 비추어 보는 지혜이며, 불안(佛眼)은 부처님만이 지니는 안(眼)이다. 부처님은 이들 오안을 모두 갖추고 있다. 불안 가운데 나머지 4안이 포용된다.

여래는 이 모든 안(眼)을 갖추고 항하사 수 국토의 모든 중생의 갖가지 마음을 모두 안다. 어떻게 알 수 있는가. 만약 중생의 갖가지 마음에 실체가 있다면 어찌 타체(他體)를 알 수 있을 것인가. 그 마음이라 하는 것은 이름이 마음일 뿐 무슨 실체가 어디에 있는 것이 아니다. 따로 실체가 없어서 중생의 갖가지 마음이 불심(佛心)과 불이(不二)이고, 불이이니 아는 것이다. 왜 실체가 없는 것인가. 시간적으로는 한 찰나도 머무름이 없으니 현재심을 얻을 수 없고, 과거심은 이미 흘러가 버렸으니 얻을 수 없으며, 미래심은 아직 오지 않았으니 얻을 수 없다. 이와 같이 어느 때이든 얻을 수 없는지라 실체가 있을 수 없다. 마음에 실체가 없으니 중생의 갖가지 마음이 공(空)이고, 공이니 불이(不二)이고, 불심과 동체이다. 그래서 여래는 갖가지 중생의 마음이 모두 똑같이 얻을 바 없는 공이라고 보며(그래서 본 장의 제목이 「一切同觀」이다), 공이니 드러나지 않음이 없어 무량중생의 갖가지 마음을 훤히 안다.

第十九 法界通化分
(법계의 모든 존재가 실체가 없어 서로 通體 同化되어 있음)

"須菩提, 於意云何? 若有人, 滿三千大千世界七寶以用布施, 是人以是因緣, 得福多不?"

"如是, 世尊. 此人以是因緣, 得福甚多."

"須菩提, 若福德有實, 如來不說得福德多, 以福德無故, 如來說得福德多."

"수보리야, 어떻게 생각하느냐? 만약 어떤 사람이 삼천대천세계에 가득한 칠보로 보시한다면 이 사람이 이 인연으로 복을 얻음이 많겠느냐?"

"그러하나이다. 세존이시어! 이 사람은 이 인연으로 복을 얻음이 매우 많습니다."

"수보리야, 만약 복덕에 실체가 있다면 여래는 복덕을 얻음이 많다고 설하지 않을 것이니, 복덕이(복덕의 실체가) 없는 까닭에 여래는 복덕을 얻음이 많다고 설하느니라."

【해설】

　복덕에 실체가 있다면 그것은 타체(他體)인데 어떻게 얻을 수 있겠는가. 본래 타체라면 얻어서 자체(自體)가 될 수 없는 것이다. 바위와 나무가 타체라면 양자가 서로를 얻을 수 없듯이. 그러나 복덕은 실체(實體)가 없고, 실체가 없으니 공(空)으로 불이(不二)의 동체(同體)가 되어 얻는다. 그래서 본 장의 제목을 「법계통화(法界通化)」라 하였다. 즉 모든 존재가 하나의 법계로 통체(通體)되어 동화(同化)되어 있다는 뜻이다. 그래서 얻음이 가능하고, '복덕을 얻음이 많다'라고 말한다. 그러나 실체가 따로 없는 것이었으니 얻어도 얻었다 할 바가 없다. 또한 얻음이 없음도 아니다. 그래서 언어분별을 떠났다〔言語道斷〕. 또 얻음이 있다·없다의 모든 분별을 떠나 마음 둘 곳이 없다〔心行處滅〕.

第二十 離色離相分(色과 相을 떠남)

"須菩提, 於意云何? 佛 可以具足色身, 見不?"
"不也. 世尊. 如來 不應以具足色身見. 何以故, 如來說具足色身, 卽非具足色身, 是名具足色身."
"須菩提, 於意云何? 如來 可以具足諸相, 見不?"
"不也. 世尊. 如來 不應以具足諸相, 見. 何以故, 如來說諸相具足, 卽非具足, 是名諸相具足."

"수보리야, 어떻게 생각하느냐? 불(佛)을 구족한 색신(色身)으로 볼 수 있겠느냐?"
"아닙니다. 세존이시어! 여래를 구족한 색신으로 보아서는 안 되나이다. 왜냐하면 여래께서 설하신 '구족한 색신'이란 곧 '구족한 색신'이 아니고, 그 이름이 '구족한 색신'인 까닭입니다."
"수보리야, 어떻게 생각하느냐? 여래를 구족한 제상(諸相)으로 볼 수 있겠느냐?
"아닙니다. 세존이시어! 여래를 구족한 제상으로 보아서는 안 되나이다. 왜냐하면 여래께서 설하신 '제상을 구족하였다'란 곧 (諸相을) 구족함이 아니라 그 이름이 '제상을 구족함'인 까닭입니다."

【해설】

여래에게는 삼십이상 팔십종호의 색신(色身; 身相, 諸相)이 구족(具足)되어 있다. 그런데 이 구족한 색신과 제상(諸相)으로 여래를 볼 수 없다고 설하신다. 왜냐하면 구족한 색신이라 함은 그 이름이 '구족한 색신'일 뿐 실은 그 자체를 얻을 수 없는 까닭이다. 색신과 제상의 자체를 얻을 수 없으니 곧 색신이 아니고 제상이 아니다. 왜 그 자체가 없고, 얻을 수 없는가. 여래의 신상(身相)도 여타의 상과 마찬가지로 인연화합상(因緣和合相)이니 그림자와 같고, 무지개와 같은 까닭이다. 또한 여래는 색(色)과 상(相)을 떠나 있어 생각의 대상이 될 수 없다. 능(能; 주관, 인식주체)과 소(所; 인식대상, 객관)를 떠난 일심(一心)인데 어찌 무엇이, 무엇을, 무엇으로 본다 함이 있겠는가. 여래를 무엇으로 본다 함은 이미 여래가 인식의 대상이 되는지라 크게 어긋난 것이다. 얻을 수 없음이 곧 일심(一心)이고 본심(本心)이며 본각(本覺)이고 여래(如來)이다. 얻을 수 없는 여래를 무엇으로 본다 함이 있겠는가.

본 장에서 설한 구족한 색상뿐만 아니라 일체 존재 하나 하나가 모두 이와 같아 단지 이름일 뿐 그 자체가 있는 것이 아니다. 또한 그 자체가 대상으로서 따로 있는 것이 아닌 까닭에 그것을 알고, 말할 수 있는 것이다. 왜냐하면 그 자체가 대상으로서 따로 있는 것이 아니라 함은 곧 불이(不二)이고 일심이라는 것이니, 일심인지라 알고 말할 수 있는 것이다. 즉 대상으로서의 색과 상을 떠난 까닭에 본 장의 제목을 「이색이상분(離色離相分)」이라 하였고, 대상으로서의 색과 상으로 볼 수 없으니 여래라 하고 진여(眞如)라 하며, 얻을 수 없음이라 하고 불가사의(不可思議)라 한다. 일체가 모두 이와 같은 이(理)를 구족한지라 일체가 모두 여래이고 진여(眞如)이며, 얻을 수 없고 불가사의하다.

第二十一 非說所說分(설함과 설할 법이 없음)

"須菩提, 汝勿謂, 如來作是念, '我當有所說法'. 莫作是念. 何以故. 若人言如來有所說法, 卽爲謗佛, 不能解我所說故. 須菩提, 說法者, 無法可說, 是名說法."

爾時, 慧命須菩提白佛言,

"世尊, 頗有衆生, 於未來世, 聞說是法, 生信心不?"

佛言,

"須菩提, 彼非衆生, 非不衆生. 何以故. 須菩提, 衆生衆生者 如來說, 非衆生, 是名衆生."

"수보리야, 너는 여래가 '내가 응당 법을 설한 바가 있다'고 생각한다고 말하지 말아라. 이렇게 생각하지 말라. 왜 그러한가. 만약 여래가 법을 설함이 있다고 말한다면 곧 불(佛)을 비방하는 것이며, 내가 설한 뜻을 이해하지 못한 때문이니라. 수보리야, 법을 설한다는 것은, 법(모든 존재)이란 설할 수 없는 것이니 그 이름이 '법을 설한다'는 것이니라."

이 때 혜명(慧命)의 수보리가 부처님께 말하였다.

"세존이시어! 얼마의 중생이 미래세에 이 가르침을 듣고 신심을 내겠나이까?"

부처님께서 말씀하셨다.

"수보리야, 저들은 중생이 아니고, 중생이 아님도 아니니라. 왜 그러한가. 수보리야, 중생 중생이라고 여래가 설하는 것은, 중생이 아니고, 그 이름이 '중생'인 까닭이니라."

【해설】

일체법은 언설과 상(相)을 떠나 있어, 각각을 취할 수 없으며 얻을 수 없는 까닭에 무엇을 설한다 함도 없다. 일심(一心)의 평등한 자리에서는 무엇을 대상으로 삼는 바가 없다. 따라서 여래의 일심에서 무엇을 취하여 설한다 함이 있겠는가. 설할 법 또한 생각의 대상이 아니고, 언설상을 떠나 있어 설해질 것이 아니다.

〈대반야바라밀경〉 권제354 초분다문불이품(初分多聞不二品) 第六十一之四에 설한다.

선현(善現; 수보리)이여, 여래는 법을 지각(知覺)함도 없고, 설시(說示)함도 없다. 왜 그러한가. 제법(諸法)의 실성(實性)은 지각(知覺)할 수 없고, 시설(施設)할 수 없는데 어떻게 지각할 수 있어 일체법을 설하겠는가. 만약 실제로

일체법을 지각함이 있고, 설함이 있다고 말한다면 이는 잘 못이니라.19)

또한 듣는 청중이 따로 있다는 생각도 떠나 있다. 그래서 누구에게 무엇을 설한다 함은 단지 언어(말)로서만 있는 것이다. 법을 듣는 중생이라는 생각을 마음에 지닐 수 없다. 중생의 실성(實性)이 공(空)하여 '비중생(非衆生)'이니, 중생이라 함을 얻을 수 없거니와 다만 중생이라고 설함은 그 이름만 빌려 말한 것일 뿐이다. "중생이 아님도 아니라 한 것"은 그 이름인 '중생'이 없지 아니한 까닭이 무자성(無自性)이며 얻을 바 없는 중생이 없지 아니하는 까닭이다.

〈대승입능가경〉 권제3 무상품(無常品) 第三之一에 설한다.

성불한 때로부터 열반하기까지의 사이에 한 자〔一字〕도 설하지 않았고, 또한 설하여 마친 것도 아니고, 또한 설할 수도 없는 것이니라.

왜냐하면 깨달은 법은 언설상과 분별상과 문자상을 떠난 제불 공통의 자증(自證)의 법이고, 또한 새로 생긴 법이 아닌 본

---

19) 善現, 如來於法無知無覺無說無示. 所以者何. 諸法實性不可知覺, 不可施設, 云何得有知覺
說示一切法者. 若言實有知覺說示一切法者. 無有是處.

주(本住)의 법인 까닭이라 하였다. 〈대승입능가경〉 권제6 第七
에

  대혜여, 나는 본연(本然)의 법체(法體; 常住法)에 주(住)하
여 이 밀어(密語)를 하는 것이어서 전불(前佛)과 다름없으
며, 후에도 또한 이전과 같이 설하리니, 이러한 제문자(諸
文字)를 이미 갖추고 있는 까닭이니라.

라 함도 이를 말한다.

第二十二 無法可得分(얻을 수 있는 법이 없음)

須菩提白佛言,
"世尊, 佛得阿耨多羅三藐三菩提, 爲無所得耶?"
佛言,
"如是, 如是. 須菩提, 我於阿耨多羅三藐三菩提, 乃至無有少法可得, 是名阿耨多羅三藐三菩提."

수보리가 부처님께 말하였다.
"세존이시여! 불이 아뇩다라삼먁삼보리를 얻음이 얻은 바가 없는 것이옵니까?"
부처님께서 말씀하셨다.
"그러하고, 그러하느니라. 수보리야, 나는 아뇩다라삼먁삼보리 내지 어떠한 조그마한 법도 얻은 바가 없나니, 그 이름이 아뇩다라삼먁삼보리이니라."

【해설】

　아뇩다라삼먁삼보리〔無上正等覺, 妙覺, 究竟覺〕를 얻었다고 함은 아뇩다라삼먁삼보리라는 법이 어디에 따로 있어 취하거나 얻게 된 것이 아니다. 일체법을 얻을 바 없음을 깨달음이 곧 아뇩다라삼먁삼보리인데, 아뇩다라삼먁삼보리를 얻었다 함이 있을 수 있겠는가. 본래 일심(一心)인 자리에서 무엇이 무엇을 얻었다 함은 있을 수 없다. 본래 일심인 자리에 드니 일체 식(識)이 소멸하였는데 깨달음을 얻었다는 상념이 어디에 있겠는가. 일심에 들었다〔入〕하나 본래 일심이어서 본래 출입(出入)이 없었다. 그래서 새로 아뇩다라삼먁삼보리라는 법이 있게 된 것이 아니다.

　〈대반야바라밀경〉 권제506 제삼분탄정품(第三分歎淨品) 第十一之一에 설한다.

　　나는 무상(無相)이고, 무득(無得)이며, 무념(無念)이고, 무지(無知)인 까닭에 (佛의 三智인) 일체지(一切智)와 도상지(道相智, 道種智)와 일체상지(一切相智, 一切種智) 또한 무상이고, 무득이며, 무념이고, 무지이나니, 이것이 필경의 청정이다.[20]

---

20) 我無相無得無念無知故, 一切智・道相智・一切相智亦無相無得無念無知, 是畢竟淨.

바로 무상이고, 무득이며, 무념이고, 무지(知하는 바가 없음)가 곧 아뇩다라삼먁삼보리이며 궁극의 청정함이다. 심(心)이 본래 이러한지라 이러함 또한 새로 얻은 것이 아니다. 그래서 아뇩다라삼먁삼보리는 그 이름이 아뇩다라삼먁삼보리이지 얻어진 대상으로 무엇이 따로 있는 것이 아니다.

또 〈대반야바라밀경〉 권제574 第七曼殊室利分之一에 설한다.

> 또한 일체법의 본성은 필경에 드러낼 수 없는 것이나니, 거기에서 지각(知覺)함이 없다. 지각함이 없다는 것은 견(見)함이 없다는 것이다. 견함이 없다는 것은 지(知)함이 없다는 것이다. 지함이 없다는 것은 분별함이 없다는 것이다. 분별함이 없다는 것은 상(相)을 떠나 평등함이니 이름하여 보리(아뇩다라삼먁삼보리)라 한다. 오무간(五無間; 아비지옥)의 성품 또한 이와 같다. 이 까닭에 보리는 증득할 수 있는 것이 아니다. 증득할 수 있다 하고, 수습하여 대보리를 드러낼 수 있다고 말하는 것은 증상만(增上慢)[21]이다.[22]

---

21) 증상만(增上慢) : 四慢心의 하나. 온전하고 원만한 깨달음을 얻지 못하고서 얻었다고 생각하여 자만하는 것.
22) 又一切法本性畢竟不可現見. 於中無覺. 無覺者, 無見. 無見者, 無知. 無知者, 無分別. 無分別者, 離相平等, 名爲菩提. 五無間性亦復如是. 由此菩提非可證得. 言可證得修習現見大菩提者, 是增上慢.

이와 같이 분별함과 지(知)함과 견(見)함과 지각(知覺)함이 없는 것이 아뇩다라삼먁삼보리이고, 상(相)을 떠나 평등하여 무엇을 따로 증득할 바 없음이 아뇩다라삼먁삼보리이다. 여기에 대승의 선지(禪旨)가 있다.

第二十三 淨心行善分(청정한 마음으로 善을 행함)

"復次, 須菩提, 是法平等, 無有高下, 是名阿耨多羅三藐三菩提. 以無我·無人·無衆生·無壽者, 修一切善法, 則得阿耨多羅三藐三菩提. 須菩提, 所言善法者如來說, 卽非善法, 是名善法."

"또한 수보리야, 이 법은 평등하여 고하(高下)가 없나니, 이를 이름하여 아뇩다라삼먁삼보리라고 하느니라. 아상과 인상과 중생상과 수자상이 없이 일체의 선법(善法)을 닦으면 아뇩다라삼먁삼보리를 얻느니라. 수보리야, 선법이라고 여래가 설하는 것은 곧 선법이 아니나니 그 이름이 선법이니라."

【해설】

일체법의 실성(實性)이 본래 상(相)을 떠나 있어 평등하고 고하(高下)가 없으니 본래 아뇩다라삼먁삼보리이다. 그래서 아상(我相)·인상(人相)·중생상(衆生相)·수자상(壽者相)을 넘어 일체 선법(善法)을 닦는다면 본래의 실성인 아뇩다라삼먁삼보리에 든다(얻는다). 그러나 본래 아뇩다라삼먁삼보리이고, 상(相)과 분별을 떠나 있어 여기에 새로 들어감도 얻음도 없다. 그 뜻은 앞의 여러 장에서 설하였다. 이 장에서는 선법을 닦아 아뇩다라삼먁삼보리를 증득함이 없지 아니함을 설하였다.

아뇩다라삼먁삼보리란 얻거나 증할 수 있는 것이 아니지만, 중생이 꿈에서 깨어나듯 망념에서 깨어나 본래의 그 자리에 돌아감[始覺]이 없지 아니하다. 또한 본래 아뇩다라삼먁삼보리인지라 돌아갈 수 있고, 돌아가지 않으면 안 된다. 본각(本覺)의 일심(一心) 자리에서는 돌아감도 얻음도 없지만 망식(妄識)의 경계에 빠진 중생에게는 망식의 경계를 넘어섬이 없지 아니하다. 그리고 망식의 경계를 넘어서기 위해서는 아상·인상·중생상·수자상 등의 일체 상에 취착(取着)하거나 메이지 말아야 한다. 일체 선법이란 곧 이 사상(四相) 등 일체 상에 취착하지 아니하고 메이지 아니하며, 머무르지 아니하고 영향받지 아니하는 것이다. 그래서 일체 선법이 어디에 따로 있는 것이 아니다. 어떠한 선법을 취하여 행하고자 하면 이미 거기에는 아상·인상·중생상·수자상이 있게 된다. 까닭에 "선법이라 설하는 것은 선법이 아니고, 그 이름이 선법이다."고 하였다. 취할 대상으로서의 선법이 따로 있는 것이 아니라 사상(四相)을 벗어남에 일체 선법이 저절로 갖추어지는 것이다. 그렇지 아니하고 어떠한 선법을 취착하여 행하고자 하면 이미 4상이 들어서게 되고, 갖가지 아만심(我慢心)에 젖어 있으면서도 그러한 줄 모른다. 이 잘못은 수행인이 쉽게 빠지기 쉬운 것이다. 본 장은 그래서 선법에 대한 집착심을 버리게 하기 위해 선법이라고 말하나 취할 바의 선법이 따로 없는 것이고 선법이라는 이름만 빌려 말한 것일 뿐이라고 한 것이다. 4상을 떠나면 바로 일체 선법이 되는 것인데 그 선법을 어찌 따로 있는 선법이라고 할 것인가. 본 장의 제목인 「淨心行善分(청정한 마음으로 善을 행함)」에서 청정한 마음이란 곧 사상(四相)을 떠난 마음이다.

第二十四 福智無比分(福智가 無比함)

"須菩提, 若三千大千世界中所有諸須彌山王如是等七寶聚, 有人持用布施, 若人以此般若波羅蜜經, 乃至四句偈等, 受持讀誦, 爲他人說, 於前福德, 百分不及一, 百千萬億分, 乃至算數譬喩, 所不能及."

"수보리야, 만약 삼천대천세계 중의 모든 수미산왕과 같이 쌓여 있는 칠보로 어떤 사람이 보시한다 하고, 만약 어떤 사람이 이 반야바라밀경 내지는 사구게 등을 수지 독송하며 타인에게 설해준다고 하면, 전자의 복덕은 (후자에 비해) 백분의 1, 백천만억분의 1에도 미치지 못하며, 내지 산수(算數)의 비유로는 말할 수 없을 정도이니라."

【해설】
본 경문을 수지 독송하고 타인에게 설해주는 공덕은 한량이 없고 말로 다 나타낼 수 없이 크다는 것을 강조하였다. 본심(本

心, 一心)의 공덕은 광대무량하고 미묘하여 사의(思議)가 미치지 못한다. 따라서 그 자리에 한 걸음만 향하여도 그 공덕 또한 광대무량하고 미묘하여 사의(思議)가 미치지 못한다. 삼천대천세계 가득히 칠보로 보시한다 하여도 물질은 다함이 있고 소실되는 것이며, 새어 나감이 있는 것이니 그 공덕은 유루(有漏; 새어 나감이 있음)이다. 청정한 본심으로 향하는 공덕은 새어 나감이 없어 무루(無漏) 공덕이라 하는 것이며, 영원하다. 그러기에 양자는 그 크기를 비교할 수조차 없다.

第二十五 化無所化分(제도함과 제도받는 중생이 없음)

"須菩提, 於意云何? 汝等勿謂, 如來作是念, '我當度衆生'. 須菩提, 莫作是念. 何以故. 實無有衆生 如來度者. 若有衆生 如來度者, 如來則有我・人・衆生・壽者. 須菩提, 如來說有我者, 則非有我, 而凡夫之人爲有我. 須菩提, 凡夫者如來說, 卽非凡夫, 是名凡夫."

"수보리야, 어떻게 생각하느냐? 너희들은 여래가 생각하기를 '내가 마땅히 중생을 제도하리라.' 한다고 말하지 말라. 수보리야, 이렇게 생각하지 말아라. 왜 그러한가. 실은 여래가 제도하는 중생이 없느니라. 만약 여래가 제도하는 중생이 있다고 한다면 여래에게 아상・인상・중생상・수자상이 있다는 것이 되기 때문이니라. 수보리야, 여래가 '아(我)'를 설하는 것은 곧 아(我)가 있어서가(我라는 實性이 있어서가) 아닌데 범부들은 아(我)가 있다고 생각한다. 수보리야, 여래가 설하는 범부는 곧 범부가 아니고, 그 이름이 범부이니라."

【해설】

  일심(一心)이고 무상(無相)이며, 무념(無念)이고, 지(知)함과 분별이 없는 자리에서 누구를 대상으로 제도하겠다는 생각이 있겠는가. 〈대승입능가경〉 권제5 찰나품 제6에 "분별심을 떠나면 따로 중생이 없다."고 하였다. 일체의 차별상을 떠나 평등여여(如如)한 자리에서 중생이라고 함도 분별이고, 제도한다고 함도 분별인데 어찌 이러한 생각을 짓겠는가. 앞에서 법을 설함이 없다고 한 뜻과 같다. 중생을 인지하고 중생을 제도한다는 생각이 있다면 바로 아상·인상·중생상·수자상이 있게 되어 이미 여래가 아니다. 일심에서는 무엇을 어떻게 한다 함이 없을 뿐 아니라, 마음을 어떻게 갖으려고 함도 없다. 그런데 어떻게 중생을 제도한다는 생각을 갖겠는가. 제도 받는 대상으로서 중생이 따로 없는데 여래가 중생을 설함은 실제로 중생이 있어서가 아니라 그 '중생'이라는 언어상(言語相)을 빌려 말한 것일 뿐이다. '중생을 제도한다'고 함도 그러하고, '범부'라고 설함도 마찬가지이다. 여래는 중생을 제도함이 없되 제도함이 없지 아니하다. 왜 그러한가. 아상·인상·중생상·수자상이 없이 제도하니 제도하는 상과 제도 받는 대상을 얻을 수 없어 제도함이 있다고 할 수 없으나, 일체상과 분별을 떠난 제도가 없지 아니하여 중생의 해탈도가 이루어짐이 없지 아니한 까닭이다. 단지 본 장에서는 중생을 제도한다는 분별심에서 떠나 있음을 드러내었고, 또한 분별심을 떠난 자리에서는 중생을 제도한다는 생각도, 중생이라는 생각도 있지 아니함을 설명하였다.

第二十六 法身非相分(법신은 相이 아님)

"須菩提, 於意云何? 可以三十二相觀如來不?"
須菩提言,
"如是, 如是. 以三十二相觀如來."
佛言,
"須菩提, 若以三十二相觀如來者, 轉輪聖王則是如來."
須菩提白佛言,
"世尊, 如我解佛所說義, 不應以三十二相觀如來."
爾時世尊而說偈言,
　若以色見我, 以音聲求我,
　是人行邪道, 不能見如來.

"수보리야, 어떻게 생각하느냐? 삼십이상으로 여래를 볼 수 있겠느냐?"
수보리가 말하였다.
"그렇고 그러하나이다. 삼십이상으로 여래를 보나이다."

부처님께서 말씀하셨다.

"수보리야, 만약 삼십이상으로 여래를 본다고 한다면 전륜성왕이 바로 여래이리라."

수보리가 부처님께 말하였다.

"세존이시여! 제가 부처님께서 설하신 뜻을 이해한 바로는 삼십이상으로 여래를 보아서는 안 되나이다."

이 때 세존께서 게송으로 설하셨다.

만약 색상(色相; 모습)으로 나를 보거나,
음성으로 나를 구한다면,
이 사람은 사도(邪道)를 행하는 것이니,
여래를 볼 수 없다네.

【해설】

일체상을 떠난 까닭에 진여(眞如)라 하고 여래라 하는데, 삼십이상의 색상(色相)이나 음성으로 여래를 구한다면 이는 이미 사도(邪道)이다. 어떠한 대상을 잡게 하는 법은 불법(佛法)이 아니고 정법(正法)이 아니다. 여래가 본래 무상(無相)인지라 대상이 될 수 없고, 견(見)과 지각(知覺)과 지(知)와 분별(分別)을 떠났다. 그런데 어찌 모습과 음성으로 여래를 구할 수 있겠는가. 전륜성왕도 그 쌓은 바 공덕으로 삼십이상의 색신(色身)을 갖춤은 여래와 같다고 한다. 그러나 색신으로 화현(化現)한 여래와 어찌 같겠는가. 여래의 뛰어난 삼십이상이라 하더라도 그것은 상(相)이며, 상은 곧 대상이고 그림자인데 어찌 여래가 대상이고 그림자이겠는가. 법신(法身)은 상이 아니다(본 장의 제목). 법신이 곧 여래이다. 법신은 식(識)으로 알 수 있는 것이 아니다.

여래가 본래 일체 상을 여의었으니(떠났으니) 자심(自心)에서 일체 상을 떠나면 바로 즉심시불(卽心是佛; 바로 이 마음이 佛)이며, 즉심즉불(卽心卽佛)이다. 즉 여래란 밖에 보이는 대상으로 있는 것이 아니다. 바로 자심에서 일체의 상을 떠나〔無相〕 머무름이 없고〔無住〕, 지(知)함이 없으며, 무념(無念), 무견(無見)하고, 분별함이 없으면 바로 그대로가 여래이니 이를 즉심시불이라 하고, 즉심즉불이라 한다. 심(心)이란 본래 대상이 될 수 없는 것이고, 대상이 될 수 없는 것이니 견(見)할 수도 없고, 지(知)할 수도 없다. 〈반주삼매경〉 行品第二에 설한다.

심(心)이 心을 모르고 〔心者不知心〕
심(心)이 있으면 心을 보지 못한다. 〔有心不見心〕
심(心)에 상념 일어나면 어리석음이나니 〔心起想則癡〕
무상(無想)이 바로 열반이다. 〔無想是泥洹〕

第二十七 無斷無滅分
　　　　　(일체법을 斷滅하라고 설한 바 없음)

"須菩提, 汝若作是念, '如來不('不'은 잘못 들어간 字임)以具足相故 得阿耨多羅三藐三菩提.', 須菩提, 莫作是念. 如來不以具足相故, 得阿耨多羅三藐三菩提. 須菩提, 汝若作是念, 發阿耨多羅三藐三菩提心者, 說諸法斷滅, 莫作是念. 何以故. 發阿耨多羅三藐三菩提心者, 於法不說斷滅相."

"수보리야, 네가 만약 '여래는 (원만)구족한 상으로 인하여(원만구족한 相을 얻게 한 복덕으로 인하여) 아뇩다라삼먁삼보리를 얻으셨다.'고 생각한다면, 수보리야, (이는 잘못된 생각이니) 이렇게 생각하지 말라. 여래는 (원만)구족한 상으로 인하여 아뇩다라삼먁삼보리를 얻은 것이 아니니라.

　수보리야, 네가 생각하기를, '(여래가) 아뇩다라삼먁삼보리심을 발한 자(보살)에게 모든 법을 단멸하라고 설하신다.'고 하는 것은 (잘못된 생각이니) 이렇게 생각하지 말라. 왜 그러한가. (여래는)

아뇩다라삼먁삼보리심을 발한 자에게 모든 법을 단멸하라고(모든 법에 斷滅相을 取하라고) 설하지 않은 까닭이니라."

【해설】

　본 장의 한역(漢譯)은 잘못된 부분도 있고 상당히 난삽하다. 그래서 이 장은 진제(眞諦)나 보리유지(菩提流支), 달마급다, 의정(義淨) 등의 역본을 참조하여야 한다.

　앞 문단의 뜻은 여래의 삼십이상으로 원만 구족된 상은 색(色)이고, 아뇩다라삼먁삼보리[法身]는 지(智)로 인하여 얻어지는 것이니 원만 구족된 색상(色相)으로 인하여 아뇩다라삼먁삼보리가 얻어진 것이 아니라는 것이다. 따라서 두 개의 "如來不以具足相故 得阿耨多羅三藐三菩提" 구절 가운데 반문의 형식으로 물어본 앞에 나오는 구절의 '불(不)'은 잘못 들어간 자로 제외되어야 뜻이 통한다. 또한 〈양조부대사송금강경(梁朝傅大士頌金剛經)〉(大正藏 제85권)의 경문(經文)도 전후 문장의 글이 똑같은데 이 '불(不)'자가 빠져 있다. 그리고 "어떻게 생각하느냐?"의 반문 형식으로 질문하고 있는 보리유지 역과 진제 역의 〈금강반야바라밀경〉도 각각 "如來可以相"과 "如來可以具足相"이다. 대승기(大乘基; 唐의 窺基)가 찬(撰)한 〈금강반야경찬술(金剛般若經贊述)〉(大正藏 33권)도 "응당 '不'字가 제외되어야 한다."라 하였다. 진제의 역본은 반문 다음에 결론하여 "여래는 구족상으로 인하여 아뇩다라삼먁삼보리를 얻은 것이 아니다.(如來

不由具足相得阿耨多羅三藐三菩提)"라 하고 있어 글의 뜻이 더 뚜렷하다.

뒷문단의 뜻은, 앞 문단에서 여래의 원만 구족된 상(相)이 아뇩다라삼먁삼보리의 인(因)이 아니라고 했다 하여, 그 원만 구족상을 있게 한 복덕행(福德行)까지 허무한 것으로 보아 모든 것으로부터 단멸상을 취하도록 여래가 설한 것은 아니다는 것이다. 만약 그러한 복덕이 허무한 것이라면 과보도 허무하고, 모든 법이 단멸되어 여래의 원만 구족한 상호(相好)도 또한 있을 수 없을 것이다. 그러나 실은 그렇지 않아서 인과(因果)가 없지 아니하다. 여래의 원만 구족한 상호가 인과가 여실함을 뚜렷이 보여주고 있지 않은가. 이 문장도 진제 역은 "여래는 보살승을 행하는 이들에게 멸해야 할 법이 있어 영원히 단멸해야 한다고 설하지 않는다.(如來不說 行菩薩乘人 有法可滅 及以永斷)"로 되어 있어 그 뜻이 더 선명하다. 일체법이 본래 일심(一心)이어서 무생(無生)인데 어찌 멸해야 할 법이 따로 있겠는가. 일체법이 무생이라는 것은 아무 것도 없다는 것이 아니라, 일심인지라 생(生)하였으되 생과 생한 것을 따로 얻을 바 없음을 말한 것이다.

여래의 아뇩다라삼먁삼보리가 여래의 원만 구족한 색상(色相)으로 인한 것은 아니라 하여 자칫 그러한 원만 구족상을 있게 한 복덕행과 일체법도 아무 의미 없는 것으로 보는 단멸상을 취하게 될 것을 염려하여 이렇게 설하였다. 일체법은 본래 단멸(斷滅)과 상(常)을 떠나 있는데 어찌 단멸하도록 하고, 단멸상(斷滅相)을 취하도록 할 것인가. 또한 여래는 생사(일체법)에도 머무르지 아니하고, 열반(적멸)에도 머무르지 아니한다. 그렇지만 또한 여래는 생사를 버림도 없고, 열반을 버림도 없다. 생사(일체법)를 단멸함은 이승행자(二乘行者)가 열반에 착(着)하고 주(住)하는 것이다. 그래서 여래는 아뇩다라삼먁삼보리심을 발한 일승(一乘)의 행자(行者)에게 이렇게 설하지 않는다.

第二十八 不受不貪分(복덕을 받고자 함이 없음)

"須菩提, 若菩薩以滿恒河沙等世界七寶布施, 若復有人 知一切法無我, 得成於忍, 此菩薩勝前菩薩所得功德. 須菩提, 以諸菩薩不受福德故."

須菩提白佛言,

"世尊, 云何菩薩不受福德?"

"須菩提, 菩薩所作福德不應貪着, 是故 說不受福德."

"수보리야, 만약 (어떤) 보살이 항하사 수의 세계에 가득한 칠보로 보시한다고 하고, 만약 또 어떤 이가 일체법이 무아(無我)임을 알고서 무생(無生)의 진리를 성취한다면, 이 보살은 앞의 보살이 얻은 공덕보다 더 뛰어나느니라. 수보리야, 모든 보살은 복덕을 받고자 함이 없는 까닭이니라."

수보리가 부처님께 말하였다.

"세존이시어! 왜 보살은 복덕을 받고자 함이 없나이까?"

"수보리야, 보살은 지은 바의 복덕에 탐착함이 없나니, 이 까닭에 복덕을 받고자 함이 없다고 설하는 것이니라."

【해설】

　법인(法忍)이란 본래 그러하여 변함없다는 뜻이다. 그래서 진리(眞理)이다. 특히 무생법인(無生法忍), 즉 무생(無生)의 진리를 가리킨다. 일체법이 무아(無我)인 까닭에 무엇이 생한 바가 없다. 번뇌도 무생(無生)이고, 열반도 무생이다. 삼매와 열반도 무생이어서 따로 얻거나 취함이 없다. 생이 있으면 멸이 있게 되는 것이어서 새로 생긴 삼매이고 열반이라면 언젠가는 소멸되지 않을 수 없다. 그러나 생한 바 없는 삼매이고 열반인 까닭에 그 삼매와 열반은 영원하다. 삼매나 열반을 취하거나 잡고 있는 단계를 넘어서야 비로소 진정한 대승이고 보살승이며 일승(一乘)이다. 보살제8지〔不動地〕에서 무생법인을 성취하거니와 여기서는 삼매도 환(幻)과 같아 취하거나 향함이 없는 까닭에 여환삼매(如幻三昧)가 되고, 무생인 열반인 까닭에 그 열반은 영원하니 퇴전(退轉)됨이 없어 불퇴전지(不退轉地)라고도 한다. 여환삼매를 거쳐 바로 금강유삼매(金剛喩三昧)와 금강삼매(金剛三昧)로 들어간다. 요컨대 무생법인을 증득하여야 영원한 깨달음이 열리는 것이고, 영원한 깨달음인지라 그 공덕 또한 영원하고 한량이 없다. 그래서 아무리 많은 칠보(七寶)로 보시한다 할지라도 소실되는 물질인지라 영원하지 못하여, 영원한 깨달음에는 비교될 수 없다. 이는 시간상의 비교이고, 내용으로 보더라도 일심(一心)이 지니는 불가사의한 광대무변의 무량 공덕에 비교될 수 없는 것이다.

 또한 출세간(出世間)의 길에서 행해지는 복덕행이 한량없지만, 무생(無生)의 진리를 깨닫고 출세간의 길에 있는지라 그 복덕의 과보를 받으려 하거나 누리려 함이 없다. 그래서 그 모든 복덕행이 출세간의 도(道), 영원한 깨달음에로 가는 자량(資糧)이 되어 무량하고 광대무변한 공덕이 된다. 세속의 복락을 누리려고 함이 없어 그 복덕이 자리이타 동수성불(自利利他 同修成佛)의 길〔菩薩道〕로 회향되니 한량없는 공덕이 된다는 뜻이다.

第二十九 威儀寂靜分(威儀가 寂靜함)

"須菩提, 若有人言 '如來若來, 若去, 若坐, 若臥', 是人不解我所說義. 何以故. 如來者無所從來, 亦無所去, 故名如來."

"수보리야, 만약 어떤 사람이 말하길, '여래는 오기도 하고, 가기도 하며, 앉기도 하고, 눕기도 한다.'고 한다면 이 사람은 내가 설한 뜻을 이해하지 못한 것이니라. 왜 그러한가. 여래란 어디로부터 온 바가 없으며, 또한 어디로 가는 바가 없는 까닭에 이름하여 여래라 하느니라."

【해설】

여래는 일체법 일체처에 견(見)함이 없고, 지(知)함이 없으며, 분별함이 없고, 사의(思議)함이 없다. 또한 본래 일심(一心)인데 어디에서 어디로 출입함이 있을 것인가. 머무르는 바 없는 마음에서 어찌 행주좌와(行住坐臥)의 상(相)을 얻을 수 있겠는가.

아뇩다라삼먁삼보리를 얻었다 하나 본래 아뇩다라삼먁삼보리였으니 아뇩다라삼먁삼보리가 새로 생겨 얻게 된 것이 아니고, 중생이라 하나 아뇩다라삼먁삼보리가 무상(無相)이어서 있던 아뇩다라삼먁삼보리가 없어진 것도 아니고, 있던 아뇩다라삼먁삼보리가 없어질 수도 없다. 호수의 물이 맑으면 달이 물 속에 보이다가〔來〕물이 탁해지면 보이지 않게 되나〔去〕달은 본래 물 속에 들어오고〔來〕나감이〔去〕없이 그대로 있는 것과 같다. 일체법(모든 존재)이 본래 일체상을 떠난 것이어서〔無相〕가고 옴이 없다. 상(相)을 떠나 평등하여 분별할 수 없는 까닭에 '여(如)'라 하였고, 가고 옴이 없이 항상하여 임한지라 여래(如來)라 하였다.

第三十 一合理相分(理와 相이 一合임)

"須菩提, 若善男子善女人 以三千大千世界 碎爲微塵, 於意云何? 是微塵衆 寧爲多不?"

須菩提言,

"甚多, 世尊! 何以故, 若是微塵衆實有者, 佛則不說是微塵衆, 所以者何, 佛說微塵衆, 卽非微塵衆, 是名微塵衆. 世尊! 如來所說三千大千世界 卽非世界, 是名世界. 何以故, 若世界實有者, 則是一合相, 如來說一合相, 卽非一合相, 是名一合相."

"須菩提, 一合相者 則是不可說, 但凡夫之人貪着其事."

"수보리야, 만약 선남자 선여인이 삼천대천세계를 부수어서 미진(微塵)으로 한다면 어떻게 생각하느냐? 이 미진들이 어찌 많지 않겠느냐?"

수보리가 말하였다.

"매우 많나이다. 세존이시어! 왜냐하면 만약 미진이 실유(實有)

라면 부처님께서는 '이 미진들'이라고 설하지 않으셨을 것이기 때문입니다. 왜 그러한가 하면, 부처님께서 설하신 '미진들'이란 곧 미진들이 아니고, 그 이름이 '미진들'이기 때문입니다. 세존이시여! 여래께서 설하신 삼천대천세계는 곧 세계가 아니고 그 이름이 세계입니다. 왜냐하면 만약 세계가 실유(實有)하다면 이는 일합상(一合相)일진대, 여래께서 설한 일합상은 곧 일합상이 아니고, 그 이름이 일합상입니다."

"수보리야, 일합상이란 설할 수 없는 것인데 단지 범부들이 그것을 탐착하는 것이니라."

【해설】

삼천대천세계란 수많은 미진(微塵)이 이런 저런 인연으로 잠시 화합(和合)되어 있는 상(相)이다. 그렇다고 해서 삼천대천세계를 이루고 있는 미진이 실유(實有)인가 하면 그렇지 아니하다. 현대물리학에서 입증한 바와 같이 분자는 수많은 원자가 화합된 것이고, 원자(원자핵, 전자, 양자 등)는 수많은 소립자가 화합된 것이며, 소립자는 허공이 진동하는 그림자이지 그 실체가 따로 있는 것이 아니며 수많은 진동의 파장이 화합된 것이다. 여러 다른 것들이 화합되어 나타난 상(相)인지라 그 상은 단지 그림자일 뿐 실체가 없다. 여러 경에서 설한 화륜(火輪)의 비유와 같이, 불깡통을 돌리면 들판 너머 멀리서 볼 때 둥그렇고 노란 바퀴가 생긴 것처럼 보이나 그 바퀴는 그림자일 뿐 그 바퀴의 실체는 없다. 그래서 티끌〔微塵〕이라고 할 수 있는 실체가 없는 것이고, 티끌이라고 함은 단지 이름을 빌려 그렇게 칭한 것이다.

그런데 경문에서 "만약 미진이 실유(實有)라면 부처님께서는 '이 미진들'이라고 설하지 않으셨을 것이기 때문입니다."라 한 것은 무슨 뜻인가. 미진이 만약 그림자가 아니고 그 실체가 있는 것이라면 인연화합으로 생긴 것이 아니라는 것이 되고, 인연화합으로 생긴 것이 아니라면 다른 존재와는 아무런 관련 없이 홀로 있다는 것이 되며, 그렇다면 아무런 의미도 갖지 못하게 되어 그것을 가리키는 말이나 지칭이 있을 수 없게 된다. 존재한다고 하면 어떠한 것으로 존재한다는 의미가 있게 되나 의미를 갖지 못하니 이것이야말로 무(無)이다. 그래서 '미진들'이라고 설할 것도 없어 부처님께서 "'미진들'이라고 설하지 않으셨을 것이기 때문입니다."라고 하였다. 미진이 이러할진대 미진이 모아져 이루어진 삼천대천세계도 가상(假相)이고 그림자이며, '삼천대천세계'라 함은 가명자상(假名字相)이다. 그래서 여래께서 설하신 삼천대천세계는 실유(實有)가 아니고, 그 실체가 없는 것인지라 '즉비세계(卽非世界)'라 하였고, 단지 그 이름이 '세계'라 하였다.

'일합상(一合相)'이란 여러 가지 것이 모아져 하나로 화합된 것을 말하기도 하고, 삼천대천세계와 같이 하나의 실체로서 보여지는 전체(모든 것)의 상(相)을 말하기도 한다. 여기서는 후자의 뜻이다. 삼천대천세계는 위에서 말한 바와 같이 실유(實有)가 아니다. 그런데 이를 만약 실유하는 것이라 한다면 이는 삼천대천세계라는 전체를 하나의 실체로 보는 것이니 곧 일합상이다. 여래께서 설하는 일합상은 실은 허공이 진동하는 그림자인 티끌이 모아져 이루어진 것으로 실체(實體, 實我)가 없는 것이니 일합상이라 할 수 없는 것이다(「非一合相」). 즉 그림자가 어떠한 사물이 될 수는 없다. 일합상이라 함은 그래서 단지 이름일 뿐이다. 이 일합상은 실은 다른 것들이 모여 인연화합으로 이루어진 것인데 독특한 전체의 상을 드러낸다. 이를테면 수많은 미진으로 이루어진 장미꽃도 하나의 전체이니 일합상이고, 장미꽃 모양이 아닌 수많은 티끌(미진)들이 인연화합[緣起]하여 장미꽃의 상을 드러내는 인연의 법은 불가사의하여 사량(思量)으로 알 수 없고, 말로 설명할 수 없다. 실체가 없어 유(有)라 할 수도 없고, 상이 없지 않으니 무(無)라 할 수도 없다. 유와 무라는 분별 내지는 인식을 허용하지 않는데 무슨 분별이 가능하겠는가. 일체의 분별은 유와 무의 분별 내에 모두 포함된다. 그래서 일합상은 모든 상을 떠나 있다. 모든 상을 떠나 있으니 이를 대상으로 취할 수도 없고, 얻을 수도 없다. 그런데도 범부들은 모든 일합상(一合相)을 독립된 하나의 존재로 보아 분별하고, 취하려 하며, 얻으려 한다.

第三十一 知見不生分(知와 見이 不生임)

"須菩提, 若人言佛說我見・人見・衆生見・壽者見, 須菩提, 於意云何? 是人解我所說義不?"

"不也 世尊! 是人不解如來所說義. 何以故, 世尊! 說我見・人見・衆生見・壽者見, 卽非我見・人見・衆生見・壽者見, 是名我見・人見・衆生見・壽者見."

"須菩提, 發阿耨多羅三藐三菩提心者 於一切法 應如是知, 如是見, 如是信解, 不生法相. 須菩提, 所言法相者如來說, 卽非法相, 是名法相."

"수보리야, 만약 (어떤) 사람이 불(佛)이 아견・인견・중생견・수자견을 설하였다고 한다면, 수보리야, 어떻게 생각하느냐? 이 사람이 내가 설한 뜻을 이해하였다고 하겠느냐?"

"아닙니다. 세존이시어! 이 사람은 여래께서 설하신 뜻을 이해하지 못하였습니다. 왜냐하면 세존이시어! 설하신 아견・인견・중생견・수자견은 곧 아견・인견・중생견・수자견이 아니고, 그 이름이 아견・인견・중생견・수자견인 까닭입니다."

"수보리야, 아뇩다라삼먁삼보리심을 발(發)한 자는 일체법에서 응당 이와 같이 알고, 이와 같이 보며, 이와 같이 신해(信解)하여, 법상(法相)을 일으키지 말아야 하느니라. 수보리야, 법상이라고 여래가 설한 것은 곧 법상이 아니고, 그 이름이 법상이니라."

【해설】

여래께서는 본 경문에서 자주 아견(我見)・인견(人見)・중생견(衆生見)・수자견(壽者見)을 설하였다. 그런데 이를 설하였다고 하면 여래께서 설하신 뜻을 이해하지 못한 것이라고 한다. 아견・인견・중생견・수자견도 실체가 없어 그림자이고, 그래서 아견・인견・중생견・수자견이 아닌 까닭이다. 그림자가 그 사실일 수는 없는 까닭이다. 사실이 아닌 것을 말한 것이니 단지 아견・인견・중생견・수자견은 이름일 뿐이다.

본 장에서 이 뜻을 강조하는 이유는 무엇인가. 아견・인견・중생견・수자견을 버리라 하고 취착(取着)해서는 안 된다고 설하면, 버려야 하고 취착해서는 안 되는 아견・인견・중생견・수자견이 사실로서 있는 것으로 생각하여 법상(法相)을 일으킨다. 즉 아견・인견・중생견・수자견이 실재한다는 법상과 이것을 버려야 한다는 법상이다. 그러나 아견・인견・중생견・수자견은 단지 이름일 뿐이고 달을 가리키는 손가락과 같은데 어찌 손가락에 취착하거나, 손가락을 제거하려고 할 수 있겠는

가. 그렇다면 어떻게 해야 하는가. 아견·인견·중생견·수자견이란 본래 실체가 없어서 그림자와 같으니 단지 그렇게 알아서 이 상(相)에 마음이 향하거나 취하고자 하거나 버리고자 하거나 사량분별하지 않으면 된다. 즉 이 상에 영향받거나 물들지 않으면 된다. 그것이 곧 이 사상(四相)을 버리는 것이다. 이 사상을 버리라고 한 것은 이것을 잡아 제거하라는 뜻이 아니다. 길가의 가로수 그림자가 땅바닥에 길게 늘어 있는데 이 그림자를 잡아 제거하려고 한다면 참으로 어리석은 일이다. 단지 그 길게 늘어서 있는 시커먼 그림자가 그림자인 줄 명백히 알면 그 그림자로부터 해탈되는 것이다. 그리하여 그 위를 아무런 거리낌이나 장애 없이 휙 걸어가게 된다. 이것이 바로 아견·인견·중생견·수자견의 4상을 버리는 것이다. 그런데 이렇게 하지 아니하고 이 4상을 버리려고 하는 마음이 있게 되면, 그 버리려고 하는 마음에 이미 4상이 전제되어 있게 되는데 어떻게 4상으로부터 벗어나겠는가. 그래서 〈대승입능가경〉 권제3 集一切法品第二之三에

> 대혜여, 모든 수행자가 만약 경계에서 유·무의 집착을 일으키면, 이는 곧 아상·인상·중생상·수자상에 집착하는 것이니라.

고 하였다. 이러한 잘못으로부터 벗어나게 해주기 위해 아견·

인견·중생견·수자견이 단지 이름일 뿐이라고 하였다.

　본 장의 제목이 「知見不生分(知와 見이 不生임)」이다. 즉 아견·인견·중생견·수자견 등의 일체견(一切見)이 본래 생한 바 없다는 뜻이다. 그림자가 생겼다 한들 생긴 실체(實體, 實我)가 없으니 무엇이 생겼다 할 것인가. 또한 마음의 본래 성품이 견(見)함도 없고, 지(知)함도 없으며, 사의(思議)함도 없고, 분별(分別)함도 없다. 이에 대해서는 앞에서 이미 〈대반야바라밀경〉의 몇 구절을 인용하여 설명하였다. 그런데 어찌 여래께서 이름을 빌려 설한 아견·인견·중생견·수자견이 실유(實有)하는 것이겠는가. 그래서 여래께서 설하신 아견·인견·중생견·수자견은 아견·인견·중생견·수자견이 아니라 하였다.

　요컨대 여래께서 설하신 일체의 법상(法相)이 모두 이와 같아 그 뜻을 요지(了知)하였으면 그 법상에 마음이 향하거나 얻으려 하거나 취착하고자 할 수 없다. 여래의 가르침[佛敎]은 그 교법(敎法, 法相)에 묶이는 어리석음을 범하지 않게 한다. 교법을 제대로 이해한다면 그러한 어리석음을 범하지 않는다. 그러한지라 마음을 어디에도 둘 수 없고 향할 수 없어 마음 갈 길이 멸하였고[心行處滅], 사의와 분별이 끊어졌다[言語道斷]고 하였다. 다음 마지막 장에서 "상(相)을 취하지 말고 여여부동(如如不動)하라."고 함이 바로 이 뜻이고 도(道)이다.

第三十二 應化非眞分(應·化身은 眞이 아님)

"須菩提, 若有人以滿無量阿僧祇世界七寶 持用布施, 若有善男子善女人發菩薩心者 持於此經 乃至四句偈等, 受持讀誦, 爲人演說, 其福勝彼. 云何爲人演說? 不取於相, 如如不動. 何以故.

　一切有爲法 如夢幻泡影
　　如露亦如電 應作如是觀"

佛說是經已. 長老須菩提 及諸比丘·比丘尼·優婆塞·優婆夷·一切世間天人·阿修羅 聞佛所說, 皆大歡喜, 信受奉行.

"수보리야, 만약 어떤 사람이 한량없는 아승지 세계에 가득한 칠보로 보시한다 하고, 만약 어떤 선남자 선여인이 보살심을 발하여 이 경이나 내지 (경문 가운데) 사구게 등을 지니고 수지 독송하며, 타인에게 설해준다고 하면 그 복덕이 저것(前者, 앞의 예)보다 더 뛰어나느니라. (그렇다면) 어떻게 타인에게 설해주어야 하겠느냐?
'상(相)을 취하지 말고, 여여부동(如如不動)하라!'
왜 그러한가.

일체의 유위법(有爲法)은
꿈과 같고, 환(幻)과 같으며, 물거품과 같고, 그림자와 같으며,
이슬과 같고, 또한 번갯불과 같나니,
마땅히 이와 같이 관할지니라."

부처님께서 이 경을 설하여 마치셨다. 장로 수보리와 여러 비구·비구니·우바새·우바이·일체 세간의 천인·아수라가 부처님께서 설하신 가르침을 듣고 모두 환희하며 신수(信受) 봉행하였다.

【해설】
본 설법을 마치면서 이 경문을 수지하고 타인에게 설해주는 공덕이 한량없이 크다는 것을 다시 한번 강조하였다. 아울러 타인에게 어떻게 설해줄 것인가라고 한 것은 곧 본 경문의 요지를 간략히 말한다면 무엇인가 하는 것이니, 바로 **'상(相)을 취하지 말고, 여여부동(如如不動)하라'** 이다. 사실 본 경문의 요지를 바로 이해하였다면 마음 수행, 즉 선법(禪法, 禪旨)은 이 구절로 명시된다. 왜냐하면 일체의 유위법은 꿈과 같고, 환(幻)과

같고, 물거품과 같고, 그림자와 같으며, 이슬과 같고, 번갯불과 같아 잡을 수 없고, 얻을 수 없으며, 취할 바 없는 까닭이다. 그래서 법상(法相)을 비롯한 일체의 상에 마음을 둘 수 없으며, 향할 수 없고, 영향받지 않으며, 분별함이 없어 여여부동(如如不動)할 뿐이다. 여여(如如)란 마음에 출입함이 없고, 어디에 향하거나 흔들림이 없어 일체처에 평등함이다. 그렇게 함은 유(有)와 무(無), 단(斷)과 상(常), 생(生)과 멸(滅), 출(出)과 입(入)을 모두 떠나 있어 사의(思議)와 분별로 말할 수 없는지라 여여라 하였다.

그런데 본 마지막 장의 제목이 「應化非眞分(應・化身은 眞이 아님)」이다. 즉 응신(應身)과 화신(化身)은 법신(法身)이 아니라는 말이다. 〈대승입능가경〉 권제7 게송품에

    일체가 공(空)이며 무생(無生)이나 〔一切空無生〕
    나는 실은 열반에 머무르지 아니하고 〔我實不涅槃〕
    모든 찰토(刹土)에 화신불(化身佛)로서 〔化佛於諸刹〕
    삼승(三乘)과 (二乘) 일승(一乘)을 펼치느니라. 〔演三乘一乘〕

라 하였고,

    법신불(法身佛)이 진불(眞佛)이고, 〔法佛是眞佛〕
    그 나머지는 모두 화신불(化身佛)이나니, 〔餘皆是化佛〕

중생의 종자(種子) 따라 〔隨衆生種子〕
불(佛)의 나툰 몸 보는 것이니라. 〔見佛所現身〕

하였으며, 또

장식(藏識)이 청정해지면 〔藏識若淸淨〕
제식(諸識)의 파랑(波浪) 생기지 않으며, 〔諸識浪不生〕
법신(法身)에 의지하여 보신(報身) 나오고, 〔依法身有報〕
보신(報身)에 따라서 화신(化身) 나오네. 〔從報起化身〕

라 하였다. 또 〈대승입능가경〉 권제3 集一切法品第二之三에

"대혜여, 일체제법의 자상(自相)·공상(共相)은 화신불(化身佛)의 설이고, 법신불(法身佛)의 설이 아니니라. 대혜여, 화신불의 설법은 단지 어리석은 범부가 일으키는 생각에 따른 것이니, 자증성지 삼매락(自證聖智 三昧樂)의 경계를 나타내지 않은 것이니라."

라 하였다. 자상(自相)이란 하나 하나의 개별상을 말하고, 공상(共相)은 범주로서의 상(相) 또는 공(空)·무상(無常)·무아(無我)·고(苦) 등 모든 존재의 공통된 성상(性相)을 말한다. 중생의 생각은 곧 이 자상과 공상의 분별이다. 화신불은 곧 이러한

중생의 자상과 공상 분별에 의지하고 수순하여 가르침을 설한다. 법신(法身)의 자증성지 삼매락(自證聖智 三昧樂)은 언어에 의지하는 화신불의 설법으로 드러낼 수 있는 것이 아니다. 〈대승입능가경〉 권제2 集一切法品第二之二에

"대혜여, 법성불(法性佛, 法身佛)은 자증성지소행(自證聖智所行)을 건립하여 심자성상(心自性相)을 떠나느니라. 대혜여, 화신불(化身佛)은 계인(戒忍)을 시설하여 선정 지혜에 나아가게 하며, 온(蘊)·계(界)·처(處)의 법(法)과 제해탈(諸解脫) 및 제식(諸識)의 행상(行相)을 설하고 차별(법)을 건립하여 외도의 지견(知見)을 넘어서고, 무색행(無色行; 無色界 중생의 行)을 뛰어넘게 하느니라. 또한 대혜여, 법성불은 반연(攀緣; 境界를 緣함)함이 없어서 일체의 소연(所緣; 對象, 境界)과 일체의 소작상(所作相; 나온 相) 및 근량(根量; 감각기관에 의지한 인식) 등의 상을 모두 멀리 떠난 까닭에 범부 이승(二乘 : 2승과 3승) 및 제외도가 집착한 아상(我相)과 경계상(境界相)이 아니니라.

이 까닭에 대혜여, 자증성지(自證聖智 : 自心에서 증득한 聖智)의 뛰어난 경계상을 마땅히 노력하여 수학(修學)하여야 하며, 자심(自心)에 나타난 분별견상(分別見相)을 마땅히 속히 버려야 하느니라."[23]

---

23) "大慧, 法性佛者, 建立自證智所行, 離心自性相. 大慧, 化佛說施戒忍

라 하였다. 여기에서 '자증성지(自證聖智)의 뛰어난 경계상(境界相)'이란 곧 '자증성지 삼매락(自證聖智 三昧樂)'이다.

또 〈대승입능가경〉 권제6 변화품(變化品) 제7에 말한다.

대혜여, 변화여래(變化如來; 化身佛)는 금강력사(金剛力士)가 항상 따르고 호위(護衛)하며, 진실불(眞實佛)이 아니나니, 진실여래(眞實如來)는 모든 근량(根量)을 떠나 있어 이승(二乘; 2·3승) 외도(外道)가 능히 알 수 없나니라. (眞實佛은) 현전(現前)의 법락(法樂)에 머물러 지인(智忍)을 성취한 까닭에 금강력사의 위호(衛護)를 빌리지 않느니라. 일체의 모든 화신불(化身佛)은 업(業)에 따라 생하는 것이 아니어서(化作 化現한 것이므로), 불(佛)이 아니며, 또한 불이 아니지도 않느니라. 비유컨대 도공이 여러 가지 것을 화합하여 만든 것이 있는 것과 같이, 화신불도 역시 이와 같아(없지는 않으며), 여러 상을 구족하여 법을 설하나, 자증성지(自證聖智)의 소행경(所行境)을 설할 수 없느니라.[24]

進禪定智慧蘊・界・處法及諸解脫諸識行相. 建立差別越外道見超無色行. 復次大慧.法性佛非所攀緣. 一切所緣一切所作相根量等相悉皆遠離. 非凡夫二乘及諸外道執著我相所取境界. 是故大慧.於自證聖智勝境界相當勤修學. 於自心所現分別見相當速捨離."

24) "大慧, 變化如來 金剛力士常隨衛護, 非眞實佛. 眞實如來離諸限('根'의 誤字)量, 二乘外道所不能知. 住現法樂, 成就智忍, 不假金剛力士所護. 一切化佛不從業生, 非卽是佛, 亦非非佛. 譬如陶師衆事和合而有所作, 化佛亦爾, 衆相具足而演說法, 然不能說自證聖智所行之境. 復次大慧, 諸凡愚人見六識滅, 起於斷見, 不了藏識起於常見. 大慧,

화신불은 인법(人法)에 의지하는 까닭에 금강력사(金剛力士)의 호위를 빌린다. 그러나 진실불(眞實佛), 즉 법신(法身)은 현전(現前)의 법락(法樂; 自證聖智 三昧樂)에 머물러 지인(智忍; 아녹다라삼먁삼보리)을 성취한 까닭에 금강역사의 위호를 빌리지 아니한다. 화신불은 "자증성지 소행경(自證聖智 所行境)을 설할 수 없다."에서 '자증성지 소행경'은 '자증성지 삼매락(自證聖智 三昧樂)'을 말한다.

요컨대 여기까지 본 〈금강경〉에서 설한 바는 어디까지나 진실불(眞實佛)인 법신(法身)의 설(說)이 아니고 중생의 생각에 수순하여 설한 것으로, 비유컨대 달을 가리키는 손가락과 같아 이 법상(法相)에 머무르거나 취(取)하고자 하거나 얻고자 하면 곧 사상(四相)에 또 빠지는 것이 되니 법신(法身)의 자증성지(自證聖智)에 이를 수 없게 된다는 뜻이다. 법신의 자증성지는 바로 자심(自心)에서 능(能)과 소(所)를 떠나 아뇩다라삼먁삼보리를 성취한 즉심즉불(卽心卽佛)의 삼매락(三昧樂)이 행해짐이다 [所行境]. 화신불(化身佛)이 설한 일체의 법문은 모두 궁극으로는 이 법신의 자증성지(自證聖智)에 이르게 함에 있다. 그래서 본 경과 〈능가경〉을 비롯한 여러 대승경전에서는 한결같이 법을 설하면서 아울러 이 법상(法相)에 머무르지 말고, 취하려 하지 말 것을 당부하고 또 재차 강조하고 있는 것이다. 일체법을

自心分別是其本際故不可得, 離此分別卽得解脫, 四種習斷離一切過."

얻을 바 없음을 깨닫는 것이 곧 돈오(頓悟)이고, 얻을 바 없음이 곧 마음이며, 얻을 바 없는 마음이 곧 진실하여 즉심시불(卽心是佛)이고, 즉심즉불(卽心卽佛)이다. 본 경에서 '불가득(不可得; 얻을 바 없음)'을 두루 설한 뜻이 여기에 있다.

찾아보기

(ㄱ)

가리왕 95
가지(加持) 34
각(覺) 47, 60
〈개원석교록〉 19
격의불교(格義佛敎) 17, 25
견분(見分) 9
견혹(見惑) 67
견혹팔십팔사(見惑八十八使) 67
계금취견(戒禁取見) 69
〈고승전〉 20, 24
고역(古譯) 20, 25
공(空) 59
공관(空觀) 18
공상(共相) 160
공즉시색(空卽是色) 59, 61
과위(果位) 96
관정(灌頂) 34
〈광찬반야경(光讚般若經)〉 17
교살라국 29
구경각(究竟覺) 39

구경위(究竟位) 36
구마라습(쿠마라지바) 15, 17, 19
구마염(鳩摩炎) 20
〈구사론(俱舍論)〉 66
구역(舊譯) 20
구자국(龜玆) 20
규기(窺基) 16
금강(金剛) 8
〈금강능단반야바라밀경(金剛能斷
　　般若波羅蜜經)〉 15
금강력사(金剛力士) 162
〈금강반야경론회석(金剛般若經論
　　會釋)〉 16
〈금강반야경소론찬요(金剛般若經
　　疏論贊要)〉 16
〈금강반야경찬술(金剛般若經贊述)〉
　　16, 141
금강반야바라밀 84
〈금강반야바라밀경〉 15, 18
〈금강반야바라밀경론(금강반야론)〉
　　16
〈금강반야바라밀경론〉 16

〈금강반야바라밀경소〉 16
〈금강반야바라밀경주해〉 16
〈금강반야소(金剛般若疏)〉 16
금강삼매(金剛三昧) 145
금강유삼매(金剛喩三昧) 145
〈금강정유가이취반야경〉 18
급고독장자(給孤獨長者) 30
기수급고독원 30
기원정사 30
기타(祈陀) 30
기파(耆婆) 20, 22
길장(吉藏) 16

(ㄴ)

나유타 103
난생 39
능(能) 9, 13, 56, 61, 91, 119
〈능가경〉 163
능단금강분(能斷金剛分) 15, 18

(ㄷ)

달마급다(達磨笈多) 15, 141
담마비(曇摩蜱) 17
〈대명도무극경(大明度無極經)〉 17
〈대반야바라밀경〉 15, 122, 126
〈대반야바라밀다경(대반야경)〉 18
〈대반야바라밀다경(大般若波羅蜜多經)〉 11, 19, 88, 95
대비구(大比丘) 30
〈대수인입도요문(大手印入道要門)〉 10
대승기(大乘基) 141
〈대승기신론(大乘起信論)〉 12, 13, 100
대승선법(大乘禪法) 10
〈대승입능가경〉 34, 36, 68, 123, 135, 155, 159, 160, 161, 162
〈대지도론(大智度論)〉 18
〈대품반야경〉 17, 18
대행(大行) 36
도륭(道隆) 24
도생(道生) 24
도안(道安) 17
〈도행반야경(道行般若經)〉 17
돈(頓) 96
돈법(頓法) 69, 72, 100
돈수(頓修) 10

돈오(頓悟) 10, 164
득력(得力) 9
등각(等覺) 36

(ㅁ)

마경(魔境) 35
〈마하반야바라밀다경〉 11
〈마하반야바라밀초경(摩訶般若波
　羅蜜鈔經)〉 17
망식(妄識) 130
묘각(妙覺) 36
묘행(妙行) 44
무견(無見) 12
무구(無求) 72
무루(無漏) 78, 133
무루십육심(無漏十六心) 67
무명(無明) 8, 9
무분별(無分別) 12
무상(無想) 39
무상(無相) 47, 75, 138
무상보리(無上菩提) 35
무상정등각(無上正等覺) 36
무상천(無想天) 39
무색(無色) 39
무생(無生) 145

무생법인(無生法忍) 9, 145
무수지수(無修之修) 10
무아(無我) 59, 145
무여열반(無餘涅槃) 36, 39
무여의열반(無餘依涅槃) 40
무원(無願) 72
무위(無爲) 56
무유정법(無有定法) 55
무자성(無自性) 87
무쟁삼매(無諍三昧) 70
무주행(無住行) 44
무지(無知) 12
무차라(無叉羅) 17
무착(無着) 16
무학위(無學位) 68
〈문수사리소설마하반야바라밀경〉
　18
〈문수사리소설반야바라밀경〉
　18

(ㅂ)

바라밀(다) 8
바사닉왕 30
반두달다(Banghudatta) 21
반야(般若) 8

반야무지(般若無知)　12, 88, 94
반야바라밀　71, 81
〈반야심경〉　18
〈반주삼매경〉　139
발보리심(發菩提心)　35
〈방광반야경(放光般若經)〉　17, 22
〈백론(百論)〉　18, 21
법상(法相)　51, 163
법성불(法性佛)　161
법수(法數)　17
법신(法身)　52, 139, 159
법안(法眼)　114
법인(法忍)　145
〈법화경〉　71
변계소집성(遍計所執性)　59
변화여래(變化如來)　162
보리유지(菩提流支)　15, 141
보살승　72
보살제7지　37
보살제팔지(菩薩第八地)　75
본각(本覺)　97, 119, 130
본심(本心)　119
부견(苻堅)　22
부대사(傅大士)　16
부촉(付囑)　35
불모(佛母)　81

불사제바(弗沙提婆)　20
불생(不生)　68
〈불설능단반야바라밀경〉　15
〈불설변조반야바라밀경〉　18
불안(佛眼)　114
불여단(弗如檀)　17
불퇴전지(不退轉地)　145
불환과(不還果)　68
불환향(不還向)　68
비마라차(卑摩羅叉)　22
비법(非法)　56
비법상(非法相)　51
비비법(非非法)　56
비유상비무상천(非有想非無想天)　39

(ㅅ)

사과(四果)　71
사다함[一來·一往來]　67
사다함과　69
4베다　21
사상(四相)　40, 42, 53, 155, 163
사주지번뇌(四住地煩惱)　39
살적(殺賊)　68
삼계(三界)　39

삼론종　18
삼십이상　85, 119
삼천대천세계　150
상락아정(常樂我淨)　44, 78
상분(相分)　9
상사각(相似覺)　36
색계 초선천(色界 初禪天)　68
선법(禪法)　158
선정(禪定)　8
선지(禪旨)　128
선혜선인(善慧仙人)　74
설일체유부(說一切有部)　21
성문사과(聲聞四果)　71
성문사향사과(聖聞四向四果)　66
성문승(聲聞乘)　30, 40, 66, 69, 72
성문열반　36
세제일법(世第一法)　67
세친(世親)　16
소(所)　9, 13, 56, 61, 91, 119
소륵(疏勒)　21
소승사과(小乘四果)　31
〈소품반야경〉　18
수다원[預流·入流]　67
수다원과(須陀洹果)　20, 69
수리야소마(Sūrya-soma)　21

수보리(Subuti)　33
수분각(隨分覺)　36
수자견(壽者見)　154
수자상(壽者相)　40, 41, 51
수혹(修惑)　67
습생　39
승선(僧先)　17
승예(僧叡)　24
승우(僧祐)　20
승조(僧肇)　18, 24
시각(始覺)　96
신견(身見)　69
신역(新譯)　20
신증(身證)　47, 60
〈실상론(實相論)〉　24
〈실상반야바라밀경〉　18
심연상(心緣相)　75
심행처멸(心行處滅)　48, 52, 88, 117, 156
〈십송률(十誦律)〉　22
〈십이문론(十二門論)〉　18, 21

(ㅇ)

아견(我見)　154
아나함[不還·不來]　68

아나함과 69
아뇩다라삼먁삼보리 36, 96, 126, 129, 141, 148
아뇩다라삼먁삼보리심 109
아라한 30, 33, 68, 71
아라한과(阿羅漢果) 68, 69
아라한위(阿羅漢位) 36
아라한향(阿羅漢向) 68
아란나(阿蘭那) 72
아상(我相) 40, 41, 51
아상가 16
아승지겁(阿僧祇劫) 103
〈양조부대사송금강경(梁朝傅大士頌金剛經)〉 16, 141
언어도단(言語道斷) 48, 52, 88, 117, 156
언어상(言語相) 135
여광(呂光) 22
여기(如玘) 16
여래(如來) 47, 88, 119, 148
여리(如理) 44, 47
여실(如實) 47
여여(如如) 70, 159
여여부동(如如不動) 71, 156, 158
여환(如幻) 87
여환삼매(如幻三昧) 145

〈역대삼보기〉 19
연기(緣起) 60
연등불(燃燈佛) 74, 103
예류(預流) 67
예류과(預流果) 67
예류향(預流向) 67
5명(明) 21
오안(五眼) 114
오주지번뇌(五住地煩惱) 40
요장(姚萇) 23
요지(了知) 69
요흥(姚興) 23
용수보살 62
〈원각경약소(圓覺經略疏)〉 41
유루(有漏) 78, 133
유리왕 30
〈유마경주(維摩經注)〉 24
유무중도(有無中道) 111
유색(有色) 39
유심(唯心) 69
유여의열반(有餘依涅槃) 39
육안(肉眼) 114
응공(應供) 68
응신(應身) 159
의견(疑見) 69
의정(義淨) 15, 141

의타기성(依他起性) 59
이욕(離欲) 70
이타행(利他行) 109
인견(人見) 154
인상(人相) 40, 41, 51
인연화합 151
인욕바라밀 95
인위(因位) 36
인행(因行) 67, 96
일래과(一來果) 68
일래향(一來向) 68
일상(一相) 75
일승(一乘) 69, 71, 143
일심(一心) 9, 44, 52, 56, 69,
　75, 119, 122, 126, 130, 135
일합상(一合相) 151
임운(任運) 10

(ㅈ)

자상(自相) 160
자증성지 삼매락(自證聖智 三昧
　樂) 160
자증성지(自證聖智) 163
잡장(雜藏)〉 21
장로(長老) 33

장식(藏識) 160
〈장아함경〉 21
장안대사(長安大寺) 24
전륜성왕 138
〈절관론(絶觀論)〉 14
점(漸) 96
점법(漸法) 69, 100
정교(正敎) 80
정법(正法)시대 51
제일반야바라밀 95
제일이욕아라한 71
〈조론(肇論)〉 18
종륵(宗泐) 16
종밀(宗密) 16
주사행(朱士行) 17
중관불교(中觀佛敎) 21
중도(中道) 52
중도실상(中道實相) 52
〈중론(中論)〉 18, 21, 60, 62
중생견(衆生見) 154
중생상(衆生相) 40, 41, 51
〈중아함경〉 21
즉심시불(卽心是佛) 139, 164
즉심즉불(卽心卽佛) 139, 163
증상만(增上慢) 127
지겸(支謙) 17

지경사상(智境四相)　41
지루가참(支婁迦讖)　17
지의(智顗)　16
지인(智忍)　162
진무위(眞無爲)　56
진무주처(眞無住處)　39
진불(眞佛)　159
〈진서(晉書)〉　20
진실불(眞實佛)　162
진여(眞如)　52, 120
진여실상(眞如實相)　56
진제(眞諦)　15, 19, 141

(ㅊ)

천안(天眼)　114
천이백오십 인　30
天親　16
천태종　18
초발심(初發心)　37
초지보살(初地菩薩)　34
축법호(竺法護)　17
축불념(竺佛念)　17
축삭불(竺朔佛)　17
축숙란(竺叔蘭)　17
〈출삼장기집(出三藏記集)〉　19, 20

출세간(出世間)　146
칠반생(七反生)　69
칠현사성(七賢四聖)　66

(ㅌ)

태생　39
통삼세론(通三世論)〉　24

(ㅍ)

팔십종호　119

(ㅎ)

해공제일(解空第一)　33
현장(玄奘)　15, 18, 19
혜교(慧皎)　20, 24
혜안(慧眼)　114
화륜(火輪)의 비유　150
화생　39
화신(化身)　159
화신불(化身佛)　162

譯解者 元照 朴健柱
1954년 전남 목포 출생, 전남대 사학과, 동 석사.
성균관대 대학원 사학과 박사과정수료(중국고대사 전공, 문학박사).
성균관대, 순천대, 목포대, 조선대(현), 전남대(현) 강사.
저서에『중국고대의 법률과 판례문』
역서에『풍토와 인간』,『如來心地의 要門 --대승입능가경 譯註--』,『아시아의 역사와 문화 I (중국고대사)』,『集古今佛道論衡』(〈한글대장경277〉),『楞伽師資記』,『티베트밀교 無上心要法門』등이 있다.
그리고 [중국고대의 儒生과 言官] 등의 전공논문이 있다.

위없는 깨달음의 길, 금강경

2002년 8월 13일 초판인쇄
2002년 8월 20일 초판발행

譯解者/朴健柱
펴낸이/김시열
펴낸곳/도서출판 운주사

등록 · 제2-754호
주소 · 서울 성북구 동소문동 6가 25-1 청송빌딩 3층
전화 · 02)926-8361, 팩스 · 926-8362

값 8,000원

저자와의 협의하에 인지는 생략합니다.
잘못된 책은 바꾸어 드립니다.